刘观伟 主编

以文化人 以人化城

城市文化建设研究

A Study on Urban Cultural Construction

中国社会科学出版社

图书在版编目(CIP)数据

以文化人，以人化城：城市文化建设研究/刘观伟主编.—北京：中国社会科学出版社，2017.6

ISBN 978-7-5161-9978-7

Ⅰ.①以… Ⅱ.①刘… Ⅲ.①城市文化—建设—研究—中国 Ⅳ.①G12

中国版本图书馆 CIP 数据核字(2017)第 047382 号

出 版 人	赵剑英	
责任编辑	许　琳	
责任校对	鲁　明	
责任印制	李寡寡	

出　　版	中国社会科学出版社
社　　址	北京鼓楼西大街甲 158 号
邮　　编	100720
网　　址	http://www.csspw.cn
发 行 部	010－84083685
门 市 部	010－84029450
经　　销	新华书店及其他书店

印刷装订	北京市兴怀印刷厂
版　　次	2017 年 6 月第 1 版
印　　次	2017 年 6 月第 1 次印刷

开　　本	710×1000　1/16
印　　张	16
插　　页	2
字　　数	225 千字
定　　价	59.00 元

凡购买中国社会科学出版社图书，如有质量问题请与本社营销中心联系调换
电话:010－84083683

序　言

当前正处在一个充满变革和机遇的时代，伴随着社会的发展，城市文化竞争力在国家、城市、地区竞争力中的地位日益提升，已跻身衡量城市发展水平与潜力的风向标与关键因素之一。在当下城市文化建设的研究实践中，既要用战略思维和长远眼光贯穿系统建设的主要环节，又要从文化本身的特性、城市自身的底蕴去挖掘。

以文化科技的力量和方式推动城市文化建设、传承中华文化在当前看来，至为关键且意义重大。中华优秀传统文化的传承与传播除了令人沉心静气、勇于担当之外，其方式也必恰到好处，过之亦或不及都是对文化的扰动和损伤。运用多种方式，讲述好中国故事、传播好中国声音，让收藏在禁宫里的文物、陈列在广阔大地上的遗产、书写在古籍里的文字都活起来。随着科技的不断突破与发展，让今天的我们在面对文化的时候，传承方式更加全面化和现代化，文化传播也变得更为广泛和便捷。将来，文化与科技的融合互促、共同发展还有很多领域可以探索、实践……总之，这是一条永无止境、永葆活力、勇者无界的光明征途。

"北方华录"历时三载主动转型谋发展终得偿所愿，其以城市文化建设为着眼点，以文化科技融合为切入点，倾注全力付诸探索与实践，在不断创新发展中进一步积累和丰富了自身。如今，加以梳理和小结著成此书，堪为不忘初心，匠心做事之表率。望再接再厉，再创佳绩！

二〇一七年四月

前　　言

文化之于城市，犹如涓涓细流、恬淡而出的清泉，细腻、甘甜，滋养万物而又悄无声息；科技之于城市，犹如"暗夜"之中一束耀眼的极光，睿智、坚毅，捍卫屹立和崛起矢志不渝。当人们将目光聚焦在文化与科技的时候，其两者相融，交相辉映，焕发出了又一轮勃勃生机。放眼全球，经济社会的发展、城市文明的兴衰无不与文化、科技息息相关，其强大的活力因子推动着我们迈向更高的台阶。更加开放与包容让每一座城市都形成了风格独特的文化魅力，借助现代科技浸润着每一人的内心，使之真正感受到"地虽近而大不同"，再小的个体也能释放出巨大能量，再小的城市也能实现超凡的梦想。

城市文化方兴未艾，希望借以此书能对朋友们有所助益。

二〇一七年四月

目　录

第一章　绪论

城市是指具有一定规模的，以非农业人口为主的居民点，是人口和社会经济活动的空间集中地，是物质、能量、信息交流与转化的场所，是复杂的社会经济产物。一般认为，公元前3000多年的美索不达米亚地区，是世界上最古老的城市起源之地。城市发展史，在时间上最多不过6000年，这几千年只占人类史的千分之二而已，可谓沧海之一粟。然而，正是在这相对短暂的城市发展历史进程中，人类创造了超越以往蛮荒时代几百万年所积累的物质财富和精神财富。也正是城市这一生活聚居方式，将人类从蒙昧、野蛮带向了文明，一直延续至今。

文化是指人类改造自身、改造社会、改造自然的一切活动及其获得的成果，是人类创造的一切物质财富和精神财富的总和，是人类文明的产物。早在人类产生初期，文化就已展现其最初的表现形态，如器物、符号（图腾、文字等），甚至是人类本身。文化作为一种社会现象，它是由人类长期创造形成的产物，同时又是一种历史现象，是人类社会与历史的积淀物。

城市文化是指具有城市特征的文化模式，是城市在发展过程中形成的生活环境、生活方式、生活习俗和价值观念结合而成的复杂整体，及其在城市物质空间和社会活动中的反映。城市与文化是不可分割的两个方面：一方面，文化是城市发展的助推器、润滑剂和稳定器，没有文化，就不可能有城市的发展、繁荣和稳定；另一方面，城市又是文化的生成地、聚集地，没有城市，就不可能有文化，特别是现代文化的产生、发展和繁荣。可以认为，人类发展的精神需求诸如仪式、礼俗、归属等，是促进城市这一新的文明形态萌生的最初动力，城市最内核的东西存在于人们精神领域的活动之中，其构成城市积聚最原始的磁力。而生产力的发展则使这些精神活动的物化成为可能，并不断发展，从而使城市的形成和不断发展变成现实。

第一节　研究背景与意义

一　研究背景

（一）城市文化是当代人文主义思想发展的结晶

每一个时代的背后，都存在一种伟大的思想，影响着人类在各个领域的行为方式，指引着人类社会的前进方向。城市作为人类社会活动的重要文明成果，其建设和发展毫无例外地受到特定历史时期文化思想的深刻影响。考察西方文明与精神的起点，在唯物主义认识观的基础上，古希腊人形成了严格的理性思辨个性；而人文主义思潮的浸润，则促成了希腊人对人的全面关怀和对社会公正公平的浪漫追求。所有这一切，折射到城市规划与建设上，就是古希腊充满人情味的公共空间和人性化的生活社区。

历史延绵，社会更替。从古希腊的人文主义情怀，到古罗马的帝国气象，再到中世纪的宗教统治，社会制度组织结构也从最初的民主公平走到了帝国集权与绝对神权。城市规划初期的人文思想和理性光辉，历经罗马帝国的洗礼和中世纪漫长的影响，逐步丧失其应有的卓然地位。新旧社会、经济与思想形态的矛盾运动，最终促成了文艺复兴的形成。文艺复兴重启古希腊的人文思想之光，不仅促成了古典文化艺术的复兴与迅速发展，还为资本主义制度的萌芽铺就了基本的社会人文背景。与此对应，城市建设对人文主义的追求以及城市生活世俗化的倾向日趋明显，古典主义美学思维与终极理想图景成为城市规划的主导操作方式。但难能可贵的是，文艺复兴时期主导的"尊重文化"的规划思路和主张"后继者"的规划师角色定位，使得文艺复兴时期的城市建设无论在艺术上，还是在城市整体历史文脉保护与发展上，都取得了辉煌成就。

文艺复兴后，是西方社会绝对君权时期的痛苦挣扎。经历了三个多世纪的长久酝酿，西方社会终于迎来了资本主义这一全新的社会形态。自然科学的飞跃发展一方面破除了宗教神秘主义的面纱，另一方面促成了机械理性主义的形成。而资本主义生产方式则使得功利主义和实用主义广泛盛行，城市爆炸式发展也使得各种规划思潮风起云涌。这些规划思想包括空想社会主义、功能分区、区域统筹、城乡结合、城市美化等等。其中，极力主张人文主义规划思想的先驱首推霍华德（Howard）和盖迪斯（Geddes）。霍华德首次将规划视野转向城郊和农村地区，在城市规划指导思想上，摆脱了过去反映统治权威和个人情趣的思想约束，而将重点转向了从社会学角度切实关心和解决城市居民面临的工作和生活问题。而盖迪斯则更多是强调城市规划本身并不是简单的空间和产业规划，成功的规划应该是人的规划。

进入20世纪，人类社会步入了全面高速发展时期，整个西方社会在世纪之初便经历了一场思想的风暴式洗礼，对传统思想、艺术、审美、制度等进行了全面的反思和革新。未来主义占据了社会的主导地位，其对技术和机器主导的社会生存模式的顶礼膜拜获得了广泛的市场，忽视城市人文历史和人的社会需求的机械理性主义再次成为社会主导，而功能分区思想则正式以宪章形式予以明确和提倡。机械理性的内在逻辑与时间带来的问题，不可避免受到了社会诸多领域的指责与批判。虽然早在机械理性主义产生之初就有其他学者提出了诸如有机疏散、邻里社区、城市文化、城市规划区域观、城市经济等理论思想，但机械理性的实践依然占据了主导地位，并一直延续到第二次世界大战，甚至是20世纪60年代，其间穿插的一些伪古典主义、新古典主义以及人文主义实践，仅仅是规划思想与实践上的边缘演绎。

从"二战"后到20世纪80年代是一个思想激荡的年代。"二战"的血腥洗礼使人类再次返回了人的自身价值这一原始命题探索的道路；"二战"后城市广泛重建的需要也使得功能理性与物质空间规划一度成为必然。第三次科技革命则从根本上改变了人类的聚居方式和生产方式。系统论、信息论与控制论使得提倡秩序、条理的现代理性主义成为"二战"后至 20 世纪 60 年代这一时段内的时代潮流，而规划思想多元化倾向则初现端倪，系统观、有机疏散理论、生态观、历史文化观、以人为本思想等初步发展。20 世纪 60 年代末 70 年代初，冷战铁幕、社会极化、文化冲突、环境恶化、资源枯竭等引起了全世界范围内的广泛思考，科技万能论与理性主义受到各方的质疑。在此背景下，以多元化为根本特征的后现代主义产生。后现代主义促成了城市规划指导思想的重大转型，社会公正、文化多元、城市空间的社会制度角度考察、城市场所文脉、环境保护等成为城市规划关心的重心，人文生态思想、新马克思主义、人文主义方法、女权主义、生态主义等交相辉映。虽然后现代主义表现了多元与反叛的特质，但可以看到在后现代背景下所产生的各种规划思想中，都表现了对人本身的关怀和对社会与文化的关注。

20 世纪 90 年代以来，世界范围内达成共识，和平与发展成为时代主流。而后现代主义背景下的社会大讨论，最终结果之一就是可持续发展与历史文化保护与传承成为规划中的主要议题。新千年之后，全球化的加剧和信息技术在生活领域的广泛渗透，历史文化的破坏与场所文脉的逐步丧失，使得城市生活面临诸多社会问题。基于此，以芒福德（Lewis Mumford）为代表的人文主义思想被重新强调，并受到广泛的推崇。

纵观西方城市规划思想发展历程，从一定意义上讲，城市规划思想的演进、城市规划的整体发展史就是一部人们在"人文主义"与"非人文主义"（神权思想、王权思想、技术至上思想）之间徘徊、交替前行的历史（张京祥，2005）。而我国城市规划思想，无论是最初的匠人营国所倡导的规整方正以及帝王权威，还是管子所言的因材就势，发展至今，犹若百川归海，都已与世界潮流融合，进入了一个倡导社会公正平等、人与自然和谐发展、重视历史文化与场所文脉的时代。

当前正是人文主义思想应该受到且正受到全人类追寻与推崇的时代。随着社会发展和技术进步，物质财富正以前所未有的速度不断增长，而作为人类高层次心理需求的精神食粮与文化创造相对有限，甚至是稍显匮乏。因此可以判断，以强调社会公正平等、文化传承与创造以及人的全面发展和解放为目标的人文主义必将引领时代潮流，赢得更大的发展和传播。

（二）城市文化已经是世界研究的热点

2004 年 9 月，联合国人居署在巴塞罗那召开了"世界城市论坛"，其主题是："城市：文化的十字路口，包容性还是整体性？"（Cities：Crossroads of Culture，Inclusiveness and Integration？）大会指出决策者应当为多元化的城市修订规划，使得城市向所有人开放而不排斥任何人，并使城市能够从文化的多元化中受益。论坛报告认为直到 21 世纪，文化仍不是分析城市问题时的一个重要因素，但是时至今日，它已经是使社会延续和适应环境变化的主要焦点。它通过调整世界竞争和当地的紧张关系，有助于指导发展战略。文化是一种可以使某一区域增强城市的凝聚力和"归属感"的东西。从反面讲，城市的多元文化与多元文化主义者为种族冲突和排斥提供了肥沃的土壤，放弃了它们主要的遗产保护功能，我们应该采取积极的文化态度，这种态度使价值成为行动。

2007 年 6 月，建设部、文化部和国家文物局在北京举办城市文化国际研讨会暨第二届城市规划国际论坛，大会主题为"全球化背景下的城市文化转型、历史文化名城保护和创新文化培育"。来自世界 23 个国家和地区的 1000 多名代表在北京讨论全球化时代的城市文化转型、历史文化保护、当代城市文化建设等议题，形成若干共识。2007 年 6 月 11 日《城市文化北京宣言》公布于世，主要内容包括：①新时代的城市文化应具有生态文明的特征；②城市发展要顾及普通市民利益；③城市文化建设是城市发展的重要内涵；④城市规划与建设突出城市个性与特色；⑤城市文化建设注重传承历史文脉与开拓创新。2015 年 12 月，由联合国教科文组织主办，联合国教科文组织全国委员会及杭州市人民政府联合承办的"文化在城市可持续发展中的角色"国际会议在杭州举办，会议围绕"城市文化遗产保护"和"城市文化创意产业"两大主题展开讨论，这些问题最终写进了"杭州宣言"。此次大会吸引了全球文化创意、遗产保护、建筑设计、城市规划等领域的专家学者、省市代表、非政府组织代表约 100 人参加。

众多的国际、国内会议将城市文化作为研究和讨论的主题，不仅说明了城市文化在城市建设中承担着越来越重要的角色，也表明城市文化的研究已经成为世界城市发展研究的主题。

（三）文化创意产业的全球蜂起与兴盛

21 世纪，是知识经济时代。近些年来，以"知识"和"文化"为主要内容的"新经济"不断涌现，"个性化服务"和"消费型经济"特征不断显现，依托新技术和新模式发展起来的现代服务业获得了高速发展，文化创意产业在此环境下随之产生并快速成长。文化创意产业（Cultural Creative Industry）最早产生于英国，也常常被称之为创意产业（Creative Industry）或文化创意经济（Creative Economy），于 20 世纪 90 年代开始逐渐成为欧洲、北美、澳洲、东亚等地区文化领域和经济领域高度关注的问题。2015 年，全球文化创意产业创造产值 2.25 万亿美元①，超过电信业全球产值（1.57 万亿美元），并超越印度的国内生产总值（1.9 万亿美元）。从业人数达 2950 万，占世界总人口的 1%，可见文化创意产业在全球经济发展中的地位不容小觑。目前，文化创意产业的迅速成长已经成为发达国家和地区经济发展的重要特征，以创新、创造、创意为核心的文化创意产业的发展规模和水平，正在逐渐成为一个国家或地区综合竞争能力强弱的重要标志之一。

经济和科技都走在世界前列的美国，文化创意产业（称为版权产业）是其第二大支柱产业。早在 20 世纪 90 年代初期，美国就提出了文化产业的发展思路；2000 年，美国电影、电视、网络、软件和出版等总收入已达 700 亿美元；2015 年美国文化创意产业的产值占其 GDP 的比重是 8.2%，规模达到 8.76 万亿美元。400 家最富有的美国公司中，有 72 家是文化企业。

英国是全球第一个以国家战略的高度推动"文化创意产业"发展的国家，英国的文化增长速度处于世界领先地位，并与金融服务业一起成为其知识经济的两大支柱产业。1997 年，为了振兴英国经济，改变老工业帝国的陈旧形象，英国首相布莱尔提出了"新英国"计划，并成立了"创意产业特别工作小组"，大力推进

---

① 来源于联合国教科文组织（UNESCO）统计数据，http：//en. unesco. org.

英国创意产业的发展。并于 1998 年出台了《英国创意产业路径文件》，明确提出"创意产业"这一概念。后来，文化创意产业更是成为英国政府保持经济增长和降低失业率的重要手段。据统计，2016 年英国的创意产业产值达到 1450 亿英镑，占国内生产总值的 7.8%，解决了约 100 万人的就业问题。

日本是亚洲文化创意产业最发达的国家，也是世界文化产业发展的第二大强国。早在 1995 年，日本发布《新文化立国：关于振兴文化的几个重要策略》，明确提出 21 世纪"文化立国"的战略方针，希望通过产业运作方式大力扶持、发展文化创意产业。2015 年，日本文化创意产业的产值更是达到了 17.38 万亿日元①，文化创意产业是其国民经济的支柱产业。日本文化创意产业中游戏软件、动漫、日剧表演尤为发达。日本是世界游戏业的领头羊，素有"动漫王国"之称。除此之外，文化创意产业在韩国、澳大利亚、新加坡、法国、加拿大、瑞士等国，以及我国香港、台湾等地区也得到充分的发展，并产生巨大的经济效益。

在我国，文化创意产业也受到了空前的重视。随着《文化产业振兴规划》的颁布，文化产业正式上升为国家战略性产业。在国家政策的支持下，北京、上海、广州、深圳、天津、南京等国内各大城市纷纷把文化创意产业作为支柱产业进行培育。江苏、福建、山西、广东、云南等各省纷纷提出了"文化强省"建设的战略目标。与之相应，文化创意产业在我国发达地区快速成长起来。以北京、上海为例，2014 年，北京市文化创意产业初步核算

---

① 来源于日本经济产业省，http：//www.meti.go.jp/statistics/index.html.

实现增加值 2794.3 亿元，占全市 GDP 的比重提高到 13.1%，创历史新高。同时，北京文创从业人员 109.7 万人，同比增长 2.2%。2015 年，上海市文化创意产业总产值 5500 亿元，同比增长 14.2%，实现增加值 1673.8 亿元，同比增长 15.6%，约占上海生产总值比重 9.75%。同时，在全国各地出现大大小小的创意产业园，如上海的张江创意产业园、北京的中关村创意产业园等。

单位（万亿日元）

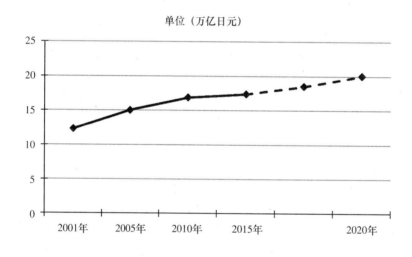

图 1-1　2001 年以来日本文化创意产业发展情况

文化创意产业的全球风起与兴盛，一方面带来了巨大的经济收益和社会效应，另一方面也促成了城市产业的升级与重构，并催生了新的城市文化空间，如城市文化消费空间、城市文化休闲空间、城市文化产业空间、城市文化艺术集聚区（如艺术特区、文化创意园区等）等。在此情况下，如何建立一个持续有效的文化城市发展框架，以有效整合文化创意产业的多种效应，并使上述城市文化空间相得益彰，相互促进，成为上述这一背景下需要特别关注的议题。

（四）文化的地位和作用日益突显

文化的地位和作用受到广泛重视首先源于其对于提升竞争力的巨大作用。体现竞争力的现象可以说万分普遍，古来有之。例如达尔文进化论所言"优胜劣汰，适者生存"的自然选择法则，实际就是世界范围内不同物种在争夺自然生存空间时所拥有的竞争力相互较量的原理。"优"与"适者"表明只有那些具有强大竞争力的生物个体才能获得生存的机会，而竞争力欠佳者只有被自然所淘汰和遗弃。再例如上文所言苏美尔文化在亚摩利人的竞争之下淡出历史，又如我国战国时期七雄俱灭而后统一于秦等。很显然，这里的竞争力主要指向国家军事实力。

随着社会经济的发展，竞争力的内涵不断丰富起来。与美国《独立宣言》同年发布的《国富论》提出的绝对成本优势理论认为，产品的原材料和运费等成本是竞争中形成优势的决定性因素。随后的相对成本理论、聚集优势理论等均是这一思想的继承和延续。

历史辩证地看，这一思想在以实物产品生产为主的经济发展时代显然具有强烈的现实指导意义。但是，随着市场的发育和社会科技与文化的进步，其局限性开始逐步显现，技术创新和制度创新成为降低成本的重要途径，民族文化、地域文化以及企业文化等文化要素成为提升某一群体系统创造力的重要影响因子。

当今世界正处于一个技术革新与文化创新的时代，也是文化消费日趋盛行的时代。文化要素的重要作用日趋明显，20世纪90年代美国学者约瑟夫·奈（Joseph Nye）提出了"软实力"的概念，并将文化吸引力列在软实力构成的三项内容之首，足见其对文化在国家综合实力中深刻作用的认识。事实上文化在提升和扩展国家影响力上已表现出强大力量，例如美国好莱坞电影及其有线电视网和互联网的影响波及世界各地，美国一向主张的自由、变革、奋斗、个人主义等理念影响着世界各地的当代青年。

在城市层面上，文化竞争力已上升为影响城市竞争力的首要指标之一。研究显示，在城市竞争的诸分力中，文化力对城市竞争力的贡献仅次于资本力，是第二重要分力（倪鹏飞，2002）。一方面，城市文化竞争力与城市竞争力其他分力之间存在较强的相关性，文化竞争力通过对各分力的传递作用对城市综合竞争力产生间接的影响。另一方面，城市综合竞争力的得分和名次与城市文化竞争力的得分和排名呈现高度正相关关系，即文化竞争力强的城市往往表现出较强的综合竞争力。

毫无疑问，文化本身的多维度属性决定了其重要性不仅表现在城市或国家的竞争力上，文化丰富的社会属性决定了其还具有丰富的社会功能，例如激发民族认同感、凝聚力和创造力，再如塑造城市特色与品牌等。那么，如何充分利用文化的上述功能，将其与城市发展与建设相互融合，则是当前城市发展战略需要研究的首要问题。

（五）快速城市化下城市文化特色危机

城市化是人类文明的一个重要社会过程，一般来说，现代意义上的城市化主要发端于工业革命之后。城市化是指城市数量的增加和城镇规模的扩大，导致人口在一定时期内向城镇聚集，同时又在聚集过程中不断地将城市的物质文明和精神文明向周围扩散，并在区域产业结构不断演化的前提下衍生出崭新的空间形态和地理景观的过程（顾朝林等，2002）。改革开放以来，我国城市化进程明显加快。改革开放初期，我国城镇化率一直停留在20%左右的水平；20 世纪 90 年代，我国城市化开始以每年 1.4个百分点的速度高速发展；2001 年，我国城镇化率达到 37.6%（国家统计局）；2016 年，我国城镇化率达到 57.35%，比世界平均水平高约 1.2 个百分点（《国家新型城镇化报告》，国家发展和改革委员会，2016）。

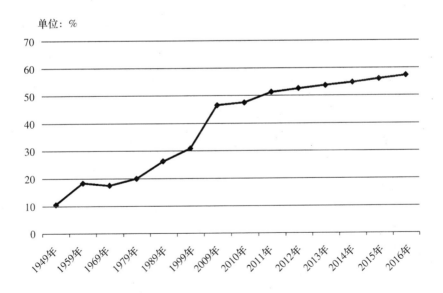

图 1-2　新中国成立以来我国城镇化率变化统计情况

然而，在城市追求现代化的进程中，中国的特色城市文化建设已经处在一个十分尴尬的处境中：城市不断建设的高楼大厦，支撑着都市不断膨胀的欲望；独具特色的历史文化沉淀为某些团体的经济利益所摧残。越来越多的城市在规划中喊出了国际化的目标，不切实际的欲望让城市建设变得盲目，随着城市建筑面积的不断扩大、建成区范围的扩张，越来越多的城市文化特色却在慢慢消失。

一座城市独有的城市布局、文物古迹、历史街区等历史文化遗产和社会习俗、人情风貌等众多非物质文化遗产，见证了城市的记忆，传承了历史文脉，体现了一座城市的重要的文化价值。令人痛心的是一些优秀的历史文化城市在进行所谓的"旧城改造"实际上的"圈地运动"中，开发者采取了大拆大建的方式，将一片片历史街区夷为平地，把一座座传统民居无情摧毁。由于我们忽视对文化遗产的保护，从而造成了对城市文化空间的破坏，城市街道肌理割裂，城市的历史文脉被割断，最终导致城市文化记忆的消失。

当前中国城市建设离不开的是大兴土木，城市建设不从城市自身地理条件与文化传统出发，盲目追求大、洋、新。城市管理者和设计者热衷于政绩的突显与城市外在形象的靓丽，纷纷建造偌大的广场、草坪、水面、景观道、豪华写字楼。把高层、超高层建筑当作城市现代化的重要标志。不少中小城市盲目模仿大城市，在城市规划和建筑设计中模仿、复制中外大城市的风貌，致使城市的面貌正在急速地趋同，在一些城市中已经很难找到层次清晰、结构完整、布局生动、充满人性的城市文化形象。城市景观变得单调、生硬、浅薄。各地极具民族和地域特色的城市风貌悄然消失，取而代之的是清一色的高楼大厦，"千城一面"的现象日趋严重。

城市不仅是在面貌上的趋同，城市文化也在失去特色。在面对现代城市生活不断加快的节奏、迅捷的传播渠道和犀利的营销手段时，人们的生活也表现出一致性，市民的心态和价值观在城市文化中趋同现象也日益明显，这是城市文化面临的又一危机。

曾任联合国助理秘书长的沃利·恩道（Wally N'dow）曾经感叹：城市化极可能是无可比拟的未来光明前景之所在，也可能是前所未有的灾难之凶兆。所以，未来会怎样，取决于我们当今的所作所为。在这一决定城市命运的抉择面前，我们将何为？事实上，我们缺乏的不是保护城市健康、可持续发展的策略和资源，而是缺乏一个正确的抉择。可以这样认为，历史文化是城市文化发展之"源"，而城市化是城市发展之"流"。我国城市应当"源远流长"，才是健康的持续发展之道（周干峙，2002）。因此，重启地域文化和城市文化之光，在文化城市这一操作框架之下，焕发我国各地域的城市文化特色风貌，则是一条通往旖旎城市图景的正确城市化之路。

二　研究意义

（一）国家政策背景

在当前全球化语境下，伴随经济全球化的是文化全球化，受全球强势文化传播的影响，地域文化受到了巨大的冲击，部分属于民族特色的文化传统处于快速式微状态。以我国为例，从 20 世纪 80 年代的"哈日"到 20 世纪 90 年代的"哈韩"，再到 2000 年后美剧的风行，各种国外文化迅速渗透着、侵蚀着中国传统文化在华人文化中的位置。

党的十八大以后，文化的地位进一步提升。党的十八大报告强调指出，文化是民族的血脉，是人民的精神家园。全面建成小康社会，实现中华民族伟大复兴，必须推动社会主义文化大发展大繁荣，兴起社会主义文化建设新高潮，提高国家文化软实力，发挥文化引领风尚、教育人民、服务社会、推动发展的作用。2017 年 2 月 23 日，文化部发布的《"十三五"时期文化发展改革规划》指出，要努力推动文化产业成为国民经济支柱性产业，到 2020 年，我国社会主义文化强国建设取得重要进展，国家文化软实力进一步提高。

近年来，我国经济发展进入新常态，文化在稳增长、促改革、调结构、惠民生方面将发挥更加重要的作用。中国特色新型工业化、信息化、城镇化、农业现代化同步发展，"一带一路"建设、京津冀协同发展和长江经济带建设等国家重大战略相继实施，文化建设空间更加广阔。居民可支配收入和闲暇时间进一步增多，多样化多层次的精神文化需求更加旺盛。高新科技的广泛应用催生了文化生产、传播、消费方式的深刻变革。

目前，我国文化产业发展仍处于建设文化强国的重要战略机遇期和攻坚期。大力发展文化产业，推进重点文化惠民工程，加强重大公共文化工程和文化项目建设等正在上升为国家战略任务。而我国已经进入城镇化发展的重要节点，构建文化城市，加快促进城市文化发展，是提升国家文化软实力，建设社会主义文化强国和推动社会主义精神文明和物质文明全面发展的迫切要求。

（二）国内市场分析

文化城市建设是城市现代化过程中继生产建设、公共设施建设之后迎来的城市发展的更高阶段，是城市品牌化的过程。近年来，人们开始认识到了城市文化和城市经济、政治和人民生活之间的关系，城市文化建设越来越受到各方面的重视，各地城市文化环境也有了很大的改善。但由于思想认识不足和行为上的急功近利，使我国的城市文化建设和发展存在许多的问题。包括：传统文化资源的逐渐消失；文化资源配置不合理，文化区域整合、整体发展规划滞后；文化体制改革不到位，政策措施不配套；城市建设指导思想不够明确；城市管理存在错位的现象；全民素质建设与生活水平提高不同步等。

（三）城市文化建设的必要性

文化城市建设是我国城市现代化建设的重要内容，它对于加快城市现代化进程、提高城市社会成员整体素质、提升城市整体形象、促进城市经济和社会的协调发展具有重要意义。在文化城市建设的过程中可以形成统一的思想认识，建立合理有效的城市文化建设机制，合理开发利用城市文化资源，提高城市文化建设的参与性，缓解供需矛盾，建设积极向上、健康文明的城市文化。

党的十八大明确提出，全面建成小康社会，实现中华民族伟大复兴，必须扎实推进社会主义文化强国建设。文化建设上升到了一个前所未有的战略高度。同时，"十三五"规划中提出了"实施重大文化工程，完善公共文化服务体系、文化产业体系、文化市场体系"，要求"推动文化产业结构优化升级，发展骨干文化企业和创意文化产业，培育新型文化业态，扩大和引导文化消费"。

党的十八大首次正式提出了全面建成小康社会的发展目标，着重强调必须走中国特色社会主义文化发展道路，建设社会主义文化强国。进入新的发展时期，党中央国务院从战略高度上深刻认识和准确把握到文化的重要地位和关键作用，在十八大和"十三五"规划中都对文化领域的发展和改革做出了全面部署，指出要推动社会主义文化大发展大繁荣，兴起社会主义文化建设新高潮，提高国家文化软实力，发挥文化引领风尚、教育人民、服务社会、推动发展的作用。

第二节　研究内容与框架

一　研究内容

本书有六个方面的重点研究内容。首先是解析"中国城镇化进程中的城市文化建设存在的问题"，从逻辑上回答城市文化建设的缘由或背景是什么？其次是概括城市文化建设的国内外理论前沿，即奠定城市文化建设的理论基石。第三是研究城市文化的理论探索，即从城市文化的内涵、构成框架、类型和特征等方面入手，完成城市文化建设的理论体系构建。第四是构建城市文化建设的发展战略，从解析城市文化建设的发展阶段入手，提出内部指向性和外部指向性的城市文化建设战略，进一步提出城市文化建设战略的效益。第五是从经典案例入手，从实际操作的角度提出城市文化建设的效益。第六是通过综合各种典型案例，提炼出可供选择的城市文化建设的发展模式。

二　研究目标

一是，围绕城镇化进程中公共文化基础设施建设及运营策略的有益实践（包括但不限于运用 PPP 模式促进文化建设项目更好更快的落地实施）。

二是，城镇人口文化消费需求日益增长和消费观念转变对于文化服务在供给侧结构性改革中的启迪与影响。

三是，"文化＋科技＋旅游"在助推城镇化建设和差异化发展进程中的重大影响和有益实践。

三　研究方法

（1）规范研究：综合运用文化地理学、文化社会学以及文化生态学等学科的理论和方法，通过深入系统的认知构建和科学严密的逻辑推演，提出和解读城市文化建设的一系列新命题。

（2）计量研究：本课题将以规范分析为基础，构建计量模型；通过各类统计报表、遥感影像等获取数据，综合运用 Auto-CAD、SPSS、Matlab、ArcGIS 等分析软件，进行数学建模和空间分析。

（3）案例研究：针对性选择典型案例区进行历史和现状解

析，揭示其城市文化建设的发展规律，并通过个体审视全局，为城市文化发展的目标体系构建提供参考信息。

（4）试验研究：课题设计中的"评估指标体系"和"城市文化建设案例"必须经过实践检验，以典型案例区进行试验研究。

第二章　国内外相关研究进展

　　工业革命开始，城市这一人类聚居模式的重要性开始全面呈现，表现在工业生产、社会生活、居民消费、住区组织等一系列领域。现代城市化序幕的开启，很快将人们的视野从乡村转向了城市。城市丰富绚丽的生活方式令人神往，而城市所暗藏的不确定性和复杂性却又令人充满不安甚至恐惧。城市似乎成了一个矛盾体，成了与乡村相对应的一种生活方式，这使得关于城市与乡村孰优孰劣的问题引起了大范围的社会讨论。事实表明，城市化是人类发展不可逆转的历史趋势，关于城市与乡村孰优孰劣的讨论其意义已经逐渐淡化，问题的关键是我们如何将两者完美结合，扬长避短，科学整合。从西美尔（George Simmel）的"自我保护"论调到佐金（Sharon Zukin）的"象征经济"，关于城市文化特征的理解已经发生了巨大变化。自现代社会学建立以来，其研究范式虽然已经发生过多次变化，但真正意义上从文化的视角来理解和剖析人类社会发展过程中各个领域的新现象、新矛盾和新问题，则肇始于 20 世纪 70 年代，也即所谓的后现代社会的发端之时。这一时期，人文社会科学中出现了对文化研究的热潮，这一研究方向的深刻转变即人们常称的"文化转向"。当前，我们仍处于这样一个文化研究大潮之中。

第一节 国外相关研究进展

西方对城市理论的探索，始于工业革命后的城市化运动，同时也注意到了文化与城市关系。20 世纪中后期，在"文化转向"和"空间转向"研究带动下，西方对于城市文化的研究也得到飞速发展。20 世纪 70 年代，采用传统的思路和方法已然难以驾驭不断呈现的环境问题和社会问题，基于此人们开始反思社会发展的模式并逐渐认识到文化因素在社会发展中的重要作用，并希望通过发现和发挥文化的各种潜在功能来解决一系列社会问题。于是，文化研究一时间成为整个欧洲最为重要的课题。事实上，在60 年代初文化转向已经在英国开始，到 80 年代这一趋势盛行于主要英语国家，随后波及全世界。90 年代文化的经济效应受到普遍重视，但将城市文化与城市进行整合，探索城市文化与城市发展的有机协调与融合的研究，则相对较少且表现出一定的滞后性。进入 21 世纪，以文化和价值观为核心的软实力竞争日趋激烈。文化产业作为一个新兴产业，被称为 21 世纪的朝阳产业。文化在城市综合实力竞争中的地位也在不断上升，文化的经济功能向城市汇聚的趋势日益明显。文化与经济、政治相互交融的程度愈来愈高，一些世界城市的政府愈来愈重视文化的发展，并从自身城市角度对文化的发展提出了新的要求和新的目标。

一 城市文化与文化城市

由于文化本身的负责性以及城市这一综合体的矛盾性，城市文化本身表现出难以准确把握的特征。虽然我们难以用简单的语言定义城市文化，但有一点值得肯定的是城市文化是与农业社会的乡村景观或者说乡土文化相区别而存在的。从另一个角度来说，城市文化是理解城市的一种媒介。例如从田园城市到光明城市，再到当前的文化城市，实际上是人类判断什么样的城市才是理想城市这一价值准绳的历史变迁的反映。在文化城市之前的诸如何谓田园城市、光明城市，都有相关充分讨论。但是何谓文化城市，并没有太多的翔实论述。然而，关于其基本内涵的理论认识，则已零星存在。

（一）关于城市文化的认识

工业革命将人类从农业社会逐步转变成以城市为主导的工业社会，城市内含的新特征和面对的新问题首先引起了社会学家的关注，城市农村所呈现的不同特征成为社会学家热衷讨论的主要议题。因此城市与农村对照所呈现出来的所有不同特征都被认为是城市文化的基本内涵，例如城市景观、城市人际关系组织、城市居民观念、城市生活方式等。正如西美尔在《大都市与精神生活》（*Metropolis and Mental Life*）中所言：城市性（urbanism）所涉内容主要包括新的社会交易和聚居模式的来临、权力关系的重组以及与众不同的城市感的发展等。随后芝加哥学派的沃斯

（Louis Wirth，1938）甚至更直接的认为城市性就是城市的一种生活方式，城市本身即可以看成是一种文化，即城市文化。

与沃斯等人不同，人文主义大师芒福德（Lewis Mumford）所言城市文化具有深刻的城市发展历史和城市建成空间指向性，也即对城市文化纵向维度的深度关注，其特别强调历史文化对于培育城市精神的重要作用。在1938年出版的《城市文化》一书中，其通过回顾和分析欧美城市从中世纪到20世纪20年代的发展历史，充分展示了城市作为文化载体表现出来的活力和价值。虽然全书探索的重点不是城市文化本身，也不是探索文化导向的城市发展路径问题，但其通过梳理城市发展历史，论证了文化之于城市以及城市居民的重要性，并认为在现代生活的所有领域，人的价值需要得到充分肯定和关注。1961年芒福德发表了巨著《城市发展史》，其讨论重点依然不在城市文化本身，但全书把握了人文主义思想的主线，是在城市发展模式和城市学科研究中倡导人文主义思想的里程碑式的著作。在该著作中，其明确提出了城市未来的图景应该是生态型和文化型的思想。芒福德认为：贮存文化、流传文化和创造文化，是城市的三个基本使命。未来的城市必须通过大量的文化设施及网络建设，如博物馆和图书馆等，为城市居民提供便利而丰富的文化设施与文化共享空间，从而实现无形无界的城市图景。

英国著名的城市学家霍尔（P. Hall）在《城市文明》（*Cities in Civilization*）中综合了沃斯与芒福德的基本叙述思路，即采用了历史分析的方法以及将城市本身作为一个文化实体的视角。但与芒福德不同，霍尔认为大城市（great city）才是未来城市发展的归宿，这是因为大城市才具有自然而然的创意环境，才有能力将各类创意人才汇集起来，从而塑造文明进程。在充分评析西方2500年文明史中的21个城市的源流、文化与建成环境后，霍尔指出城市在创新上具有四个重要的独特表现，即促进文化艺术的创造、促进技术进步、催生文化与技术的结合、针对现实存在的问题找寻答案（Robert Fishman，1999）。可以看到，霍尔虽然也是历史分析的论证思路，但其重点不在文化本身，而是城市。城市，特别是大城市代表着文明的前进方向和动力，因此城市本身就是城市文化内涵之所在，这一点和沃斯的看法有异曲同工之妙。

出于对文化生产和文化物质方面再现的兴趣，美国学者佐金（Sharon Zukin，2006）在《阁楼生活》中倾注了对居于城市的艺术家的关注，试图阐明艺术对城市发展的深刻影响，并从当代城市发展现实出发，将城市文化理解为一种可商品化的符号。通过对政治经济的深入了解和对城市消费的深入观察，佐金得出结论：城市已经更多地从传统物质商品的生产转向了更为抽象的产品生产，抽象产品的消费在空间组织、工作组织、电视文艺策划、文学创作意象以及人们日常生活中变得和生产组织同样重要。基于此，其对城市文化理解的文化资本概念开始明晰，随后在诸多演讲中逐步形成了象征经济（symbolic economy）的主体思想。1996年佐金出版了具有深刻影响的《城市文化》（*The Cultures of Cities*）一书，书中通过大量实例分析，揭示了城市公共空间的文化隔绝状态，以及与文化相关联而展现出来的各种经济现象和空间表征，并明确将文化理解为经济基础和社会科技组织手段。因此，佐金认为城市文化是城市中那些隐含经济价值的文化符号和文化设施。出于对社会公平和公共空间共享的关怀，佐金的城市文化概念似乎自始至终都处于矛盾的挣扎之中，"谁的城市，谁的文化"这一发人深省的审问，不仅让我们开始审视文化生产和消费的真正社会意义，也是作者在象征经济和文化空间共享这一暗藏矛盾中的自我责问。

佐金强调了城市文化的经济属性和空间属性，并揭示了其残酷的文化隔离现实。对于城市文化的社会维度，即城市一般个体的价值判断、空间感知、生活情趣以及情感交流等诸多方面的关怀，则处于矛盾徘徊之中。事实上，在这些方面，此前的许多社会学家对其做出了一些经典论述。例如西美尔将城市居民设想成"理智人"从而造成城市人的隔离、恐惧和孤独；马克思和恩格斯则从唯物主义历史观出发，着重讨论城市文化的形成与社会制度背景的关系；芝加哥学派关注的重点不在于社会制度，而在于城市不同人群的生活状态以及形成这一状态的原因，采用了人类生态学思想。受19世纪著名的现代派诗人波德莱尔（C. Pierre Baudelaire）作品的深刻影响，法兰克福学派的本雅明（Walter Benjamin）抛弃了西美尔所关注的个体如何应对城市生活这一问题，借用了波德莱尔"漫游者"（flaneur）这一虚构角色，行走在承载城市居民集体记忆与经验的城市迷宫之中，探索和体验暗藏在这一切背后的现代的符号、幻象和隐喻。

法国社会学家塞尔托（Michel de Certeau）似乎继承了考察个体日常生活体验这一传统。但与本雅明不同，塞尔托认为人们常常忽视了日常生活对于个人和社会的重要意义。在塞尔托看来，个体的日常生活虽然毫不起眼，随意自由，但日常生活本身就是城市生产和消费活动的外在体现。对日常生活的研究既不同于"大众文化"的研究，也不同于日常人们对制度与权力的反抗的研究，而是个体如何在漫游街道的过程中无意间获得对城市和文化本身的认识。那些城市管理决策层和规划设计师对所谓的"战略"（strategy）只是组建了一个概念化的城市（city as concept），对于城市个体而言真正具有重要意义的是日常生活中所履行的无意识"策略"（tactics），他们可以抛弃规划者设计的既定路线而抄小道或者是即兴喝杯咖啡。这两种角色感受就好比决策者站在世贸大厦上观看整个城市全貌而普通市民则漫不经心地走在楼宇林立的大街小巷里评头论足。因此通过日常生活，普通市民将自身之外已经存在的社会文化的各种构成要素如产品、规则等进行重新组合，进而与城市其他社会、经济要素相交互。

法国符号学大师巴尔特（Roland Barthes）从整体上对城市进行了把握，在理解城市文化上采用了其一贯主张的符号学思想，认为城市是一种语言，是符号的组合，凯文·林奇提出的城市设计的五要素正是城市符号的一种表现形式。城市符号构成一种不断演进的语言，其不仅可读，而且可以言说。通过对这些语言的解读，我们可以发现城市文化所含的真相，就如弗洛伊德（Freud）的经典著述《梦的解析》的理论一样。

澳大利亚学者德波拉·史蒂文森（Deborah Stevenson，2003）显然受到上述思想的影响。虽然其没有援用上述分析城市文化的方法或范式，但其采用了沃斯的城市性的概念，认为城市性即城市文化。但与沃斯所指向的城市性不同，史蒂文森认为仅建立于城市规模、城市人口密度以及城市异质性这三个假设前提下的城市性不足以概括城市文化本身。由于城市生活是一个不断连接、交流与相互强化的复杂过程，是不同人群对城市空间使用和认同感知的过程，因此城市是多种政治、经济、文化要素交织的场所空间。城市文化也即是这一复杂特征的符号反映。

（二）文化城市的理论探索

文化城市的概念有广义和狭义之分，狭义的文化城市是指指导城市人类生产和生活的精神意识形态，它主要包括教育、科技、语言文学、艺术等精神理念和精神产品。（［韩］李奎泰，2006）

西方对于文化城市的研究多从历史变迁、地方政治、工业化影响、殖民主义影响以及宗教、种族社区影响等视角出发。早在1961年，简·雅各布斯在《美国大城市的生与死》中就谈到国际都市结构的基本要素在都市生活中发挥作用的方式和影响。彼得·霍尔在《世界城市》中，透过全球视角预测了国际都市发展的前景，这为研究全球化背景下城市文化的发展奠定了基础。2004年，联合国出版了（The state of the world's cities 2004/2005：Globalization and Urban culture），该报告描述了现代城市文化的发展现状和趋势，并且赞成多元文化主义，认为多元的文化不但增强了城市自身的机能，而且为城市注入了新的力量。

美国城市学家芒福德在《城市文化》一书中，将城市比喻为"容器、传播者和流浪者"。他注重城市的文化功能，他把"文化贮存、文化传播和交流、文化创造和发展"称为"城市三大最基本的功能"。在19世纪早期，芒福德就批评纽约摩天大楼这样的建筑，他更加强调的是城市文化的多样性。从中我们也可以看出城市与文化的紧密关系。

城市规划大师柯布西耶从建筑学的角度来看城市文化。柯布西耶认为城市的规划布局和建筑形制让人们无法接受，显示出现代居民的现实观念与城市之间的矛盾，因此他将建筑规划作为解决这一社会问题的主要途径之一。柯布西耶的研究从人本主义的角度出发，具有浓浓的人文关怀，遗憾的是这种人文气质在后来的城市文化研究中越来越少见。

帕克是芝加哥城市社会学派的代表人物，他认为城市植根于居民的风俗习惯之中。城市不仅是由单个人组成的集合体，也不仅是多种社会设施、服务部门、管理机构的组合。城市文化是一种心理状态，是由各种习惯和风俗构成的整体，是这些风俗习惯与礼制包含的传统思想而构成的整体。城市既有物质的形式，又包含非物质形式，两种形式互相作用，互相影响。从帕克的研究中，我们能够感觉到他对于城市文化的重视，尤其是其强调城市文化的物质形式、道德以及两种形式之间的相互作用、相互影响、相互调节等观点是本书研究城市文化层次及其内在关系的重要理论借鉴。

得波拉·史蒂文森（2007）比较了乡村和城市的不同，讨论了对城市的构想和对城市文化进行概念化的路径。考察了几种重要的城市与文化发展趋势的含义，诸如运用艺术与地方文化来构建新的城市形象，以及现代主义、后现代主义和全球化塑造现有的环境和学术探索取向的方式。艾伦·J.斯科特（2010）从文化、经济与技术相互融合的角度探讨了文化生产与城市产业集聚之间的密切关系，阐述了现代文化产业的经济逻辑和经济结构，并说明了世界城市成为现代文化产业发祥地的根本原因。

西方国家在现代城市发展中重视文化保护与建设。当前，许多发达城市都在积极推进文化发展：采取多种手段将文化与经济、社会效益相结合，提出文化发展战略，编制文化规划，将文化内容融入城市规划。

二　城市文化战略及其效应

虽然关于文化城市的理论探讨并不多，但出于复兴城市经济和保护城市历史文化遗产的目的，城市文化战略的探讨和实践则相对丰富。

城市文化战略据其具体指向对象可以概括为三种类型，即面向人群型（people - orientated）、面向产品型（product - orientated）和面向地方型（place - orientated）。面向人群型指重视人的全面发展，培育城市文化艺术创造者和文化产品消费者，为其提供资金支持；面向产品型指发展城市文化产品所需要的管理、服务机构以及生产、流通网络，从而促进文化产品的生产；面向地方型指加强文化设施和文化场馆建设，开展城市文化活动，从而吸引投资和入境旅游（Kim W. B. , 2001）。

事实上，在城市文化战略实践早期，城市文化战略主要集中于物质空间塑造。人们普遍认为：提升城市的竞争力、吸引力、认同感以及表征城市发展决心和现代性的基本战略，就是利用现代建筑技术创造独具特色的天际线。因此该时期内的普遍观念为：在现代建筑技术的支持下，摩天大楼是现代城市一个必不可少的空间特征，建设高楼大厦从而塑造城市天际线是国际发展态势所趋。部分学者甚至认为那些实实在在的有形建筑，如高楼大厦，比那些基于地方文化特征而构想的"城市"和"社区"更容易吸引市民和游客的注意（King，1996），巨大的体量和高耸入云的天际线不仅能紧紧抓住人们的想象空间，而且可以使得一个城市世界闻名，为人所深深向往（D. King，1988；A. D. Domosh，1996；McNeill，2005）。

而随后的一些文化导向的城市更新实践表明，并不是只有依靠纯粹的塑造城市天际线才可以吸引观众和投资，"我们已经从一个仅仅依靠建筑高度的模式中解放出来，我们实现了以建筑和地标的文化艺术属性的精致设计来传达城市符号与意象。虽然方式不同，但其与传统方法一样，都产生了提升城市竞争力、促进城市经济复苏、增强社会融洽和市民自豪感等效果"（De Frantz，M.，2005）。

从全球城市的发展条件和历史出发，吴卫平（Weiping Wu，2004）通过回顾上海的城市文化发展历程，提炼出上海成为全球城市的三条文化战略路径：发展文化产业、创造文化设施与场所以及适时转换城市建成环境。除此以外，作者认为虽然上海实施了一系列文化战略，但上海要想在未来继续保持和加强其全球城市的地位，吸引更多的资本和创意人口，还需要通过城市文化制度改革和城市文化活动策划，从而加强城市文化创意氛围的营造。而新加坡国立大学的莉莉·孔（Lily Kong，2007）通过分析新加坡、香港和上海的城市发展状态，认为全球城市要保持其全球影响力不仅需要成为全球网络的关键节点，还必须积极积累文化资本，创建新文化空间和文化地标，从而增强全球竞争力和构建国家和城市文化认同。

上述城市文化战略，概括起来其重心依然在于城市自身意象的塑造之上。然而，后现代社会的多元价值观冲击与政府刺激消费政策的实施，带来的是城市生活中消费主义潮流的涌现。英国学者汤普森（John Thompson）曾深刻指出："资本主义的文化重点就是消费的行为过程与经验的商品化……资本主义文化的扩散，实质就是消费主义文化的张扬，而这样的一种文化，会使所有文化体验都卷入到商品化的漩涡之中"（汤普森，1999）。

考虑到文化消费的盛行和消费主义的全球渗透，巴萨特（K. Bassett，1993）在分析文化消费内容的转变、地方政府地位的提升、经济重构和城市竞争内涵变迁等基础上，认为将艺术整合进城市发展之中，应涵括七个方面的战略主题：开放城市文化机构以吸引更广泛的公众参与；扩大对社区艺术的支持力度；建设文化基础设施以利于文化产品生产；增强援助对大众文化具有重要促进作用的技术部门；鼓励大型文化地标型项目的建设；组织举办具有高度吸引力的文化活动；增加对公共艺术的投资以恢复公共空间的活力。随后，其又以布里斯托（Bristol）的文化产业集群发展为例，通过对文化产业集群的发展阶段、发展链条、制度政策、动态变化以及全球经济的相互关系的详细分析，揭示了文化对城市经济增长的重要作用（K. Bassett，2002）。

与此同时，大众文化和消费文化的盛行，使得经济与文化的融合成为可能，文化成为城市经济发展的重要元素。美国学者佐金（Sharon Zukin，2006）通过研究和观察纽约的文化设施和文化空间，提出文化不是城市的一种附属产品，而是控制城市空间的一种有力手段。通过文化设施建设和文化政策的实施，不仅可以促进经济的发展，而且还将使城市空间产生新的分异和隔绝。

总体来说，上述关于城市文化战略的论述，均处于城市内部指向性视野之中。而布兰德 S. A. 耶奥（Brenda S. A. Yeoh）则从全球视角考察了文化在城市发展中的作用，通过考察东南亚一些主要城市的文化战略，提出为了吸引外资和进行城市营销，城市文化战略主要包括两个方面，其一是建设巨型文化工程促进文化产业发展，其二是举办大型文化艺术活动推销城市品牌。其中大型文化艺术活动根据影响范围可以概括为三种主要类型：国际博览会（如世界博览会）、现代奥林匹克运动会、欧洲文化城市。

在建设大型文化工程与文化设施方面，佐金（Sharon Zukin，2006）通过分析博物馆以及城市文化广场等文化设施的建设，指出了其对城市建成环境的更新和经济发展的促进作用；通过分析城市公共文化空间发展变迁，指出城市文化消费空间的涌现造成了城市空间隔离的进一步加剧。芒福德（2005）同样指出，虽然文化基础设施建设是未来城市建设的重点，且能为城市局面提供文化共享的机会，但城市文化建设同样会造成一些消极的影响，如对城市空间进行了不平等的划分。

在文化艺术活动推销城市品牌上，最典型的是当前世界范围内各个城市普遍采取的文化艺术节（Arts Festivals）这一大型文化活动。其对城市发展的作用可概括为四方面：①提升城市形象；②提升城市的旅游吸引力；③促进社区交流与发展；④应对全球文化同化。

然而，大型文化活动在促进城市知名度和提升城市品牌的同时，亦具有导致负面效应的可能。例如范德阿克（L. Andries vander Ark，2006）等人通过研究 19 个欧洲城市的文化活动策略对国际入境旅游的影响，指出参与性文化活动对于提高游客旅游热情和旅游人数具有重要促进作用。而其研究同时亦显示，高质量的参与性文化活动有助于城市吸引力的提升和城市美好盛誉的传播，而远低于游客质量期望的文化活动将适得其反。

上述关于城市文化战略的论述重点是城市文化受众和城市经济等方面，罗恩·格里菲斯（Ron Griffiths，1995）则独辟蹊径，从城市管理的角度出发，阐发了文化和艺术战略在提升城市文化品位和城市影响力的同时，亦将有助于城市管理模式的创新和管理人才的培养。

第二节　国内相关研究进展

20 世纪 70 年代以来西方人文社会科学中出现了对文化研究的热潮，这可以认为是"二战"以来最为深刻的一次观念转变。在这一"文化转向"大潮中，多种社会科学均将文化置于研究的焦点，社会公平、归属、认同等成为民间和学术界普遍关心的热点问题。在中国，文化转向大约发生在 20 世纪 80 年代后期，和城市研究领域相关的文化转向研究首先表现在人文地理、经济地理、历史文化遗产等领域（苗长虹，2003；王兴中，2007）。90 年代后期受西方国家城市文化战略实践影响，中国关于城市文化战略的探索开始繁荣兴盛起来。进入 21 世纪以来，中国城市的发展大体经历了从"拼经济、拼管理"到"拼文化"的阶段，甚至有人提出了经济发展为文化繁荣铺路的新理念——"经济搭台，文化唱戏"。城市竞争实际上已成为城市文化的竞争，文化成为决定城市未来发展的重要所在，城市文化建设研究越来越受到地方政府和学术界的重视。

一 城市文化与文化城市

中国具有悠久的历史文化传统，城市作为文化的重要载体，保存了绚丽丰富的历史文化遗产。受社会制度和社会意识形态的影响，长期以来城市文化主要指向两个内容，其一是历史文化遗产，其二是城市文化事业。因此在中国，关于城市文化的认识方法，是对城市文化的理解多局限于传统文化和文化事业两个方面（余国平，1994；徐晖，2000；赵力平，2002；田丰，2004；周秀梅，2013）。而中西文化的碰撞和交融，使得这一不足逐步得到弥补，中国学者对城市文化的理解也日趋丰富和复杂。

（一）城市文化的定义

关于城市文化的定义，主要存在两种思路，其一是从文化的定义推理演绎，例如我国台湾地区学者张丽堂（1983）援用了泰勒关于文化的经典定义，将城市文化定义为人类生活于都市社会所获得的任何能力及习惯。又如郑卫民（2005）援用了广义文化的定义，认为城市文化简单地说是人们在城市中创造的物质和精神财富的总和，是城市人群生存状况、行为方式、精神特征及城市风貌的总体形态。其二是从城市本身的特征出发进行定义，例如《中外城市知识辞典》认为城市文化往往也被称为"都市文化"，是市民在长期的生活过程中，共同创造的、具有城市特点的文化模式，是城市生活环境、生活方式和生活习俗的总和。它具有复杂化、多元化的特点（刘国光，1991）。又如秦启文（2004）认为，城市文化是指生活在城市区域内的人们在改造自然、社会和自我的对象化活动中，所共同创造的行为方式、组织结构和道德规范，以及这种活动所形成的具有地域性（或城市特色）的典章制度、观念形态、知识体系、风俗习惯、心理状态、技术和艺术成果。

而由于城市文化的复杂性，许多学者通过明确城市文化的具体所指对象而达到利于学术研究的目的。杨东平（1994）在《城市季风》中通过比较北京和上海的文化精神，认为城市文化具体可以从五个方面予以认识：①城市的历史传统和社会发展。城市社会的变迁是一个文化大题目，它的外在表现，是城市建设和人文景观；②城市的制度组织和社会结构，这是在制度文化层面上对城市现代化程度的观测；③城市的文化建设和文化产品，这是按文化的狭义或广义所反映的城市文化状态；④城市的人口构成和文化素质，这既是城市文化形成和发展最活跃的动因，也是城市文化的有机组成部分和重要指标；⑤市民的生活方式和生活质量，是城市文化的深层基础。

任平（2000）通过分析全球化语境下的城市文化发展状态，强调了后现代城市文本认知方式对城市文化内涵理解的深刻影响，认为城市文化是每一个时代的时尚总汇，如建筑时尚、服饰时尚、饮食时尚、知识时尚等。城市文化是城市人格的表现，城市是人格化的主体空间，她映射着民族的、时代的与人格的光辉，是宗教的、哲学的、道德的、审美的等等文化的集中表现。

倪鹏飞（2004）则在研究城市竞争力中，将文化竞争力列为评价城市竞争力的12项指标之一，城市文化视为评价城市竞争力的重要因素。城市文化的评价在于价值理念、创新意识与诚信等几个方面，并非只专注于传统的历史文化因素。张颖（2014）则将城市文化软实力的影响因素剖为城市文化的消费能力、总量规模、投资主体、人均水平、经济贡献和对外影响，以及相应的27个构成要素，关注的因素更加全面。

李坚（2006）则抛开文化的经典定义框架，从更广泛的时间维度和空间维度考察城市文化，认为城市文化是一种大视角文化：①它是发生在城市里的文化现象（相对农村而言）；②它是和城市发展相关联的文化现象；③城市文化应当包括城市的生态地理文化、经济贸易、政治制度；④包括城市的社会文化和城市的精神文化。

虽然关于城市文化的理解多种多样，但一般来说其都可以划归为广义或狭义的一种。关于狭义和广义文化的理解，普遍认为广义的城市文化是城市各个要素相互作用的总和，几乎涵盖整个城市人类所有生产、生活方式。不仅包括教育、科技、文学、艺术、体育、服务业的服务质量、居民素质、企业管理及政府形象等非物质实体，而且还包括建筑艺术风格、街景美化、广场规划和设计、雕塑装饰、公共设施、环境卫生状况等物质实体。狭义的城市文化仅指城市人类生存和生活的精神意识形态，它主要包括教育、科技、语言文学、艺术等精神理念和精神产品。

在实际研究过程中，普遍采用的是广义的城市文化定义或内涵。但也有学者从我国实际文化建设需要出发，认为城市文化属于文化总系统中的精神文化范畴，在我国所指的城市文化是社会主义先进文化的一个有机组成部分，是独具特色的一种地域文化（李曙新，2005）。

（二）城市文化结构

城市文化的结构是多层次的。按照内涵，可以分为物质文化（器物文化）、制度文化（包括行为文化）和精神文化（观念文化）三个层次；按照类别，可以分为高雅文化、通俗文化（主流文化）、亚文化和反文化等等（赵力平，2005；张丽萍，2009）。

虽然关于文化的层次结构划分稍存差异，但普遍认为城市文化中的精神文化是城市文化的核心内容，其他文化层次都是精神文化的外化表现。而关于城市文化的特征，普遍认为其与农村（乡村）文化相区别，具有三个明显特征：①开放性和多元性；②集聚性与扩散性；③明显的利益社会特征（陈立旭，2002）。

（三）文化城市的含义

在理论上，目前国内关于文化城市的内涵和定义涉及甚少。戴立然等（2001）认为"城市文化"是名词，特指"已经存在的物质文化和精神文化的总和"；"文化城市"是动词，特指用文化"濡化"城市，即通过"文治教化"，"以文化人、以人化城"。认为现代城市的核心是市，市的核心是人，人的核心是文。城市价值观念文化是城市文化的灵魂或精髓，是"文化城市"的关键，城市规范性文化（人的行为模式、规范、生活方式、风俗习惯等）是"文化城市"的重点，语言和符号是"文化城市"

的重要手段。

2004 年的上海文化工作会议，对文化城市的概念作了粗略定义，认为文化城市是文明城市、学习型社会和国际文化交流中心，同时也是国家历史文化名城。

沈山等（2005）在研究南京城市形象定位与建设策略时，提出文化都市的概念，认为文化都市是一个具有高度组织、功能齐全、能量巨大的文明集聚中心体。此概念显然是从城市功能定位的角度理解文化城市，认为文化城市建设只是城市形象塑造的一个重要组成部分，还不具有将文化城市看成一个专有的研究实体。其还认为现代文化都市一般要求具有以下五大基本功能：辐射与扩散功能、吸纳与传承功能、指导和服务功能、协调与调节功能、创新与示范功能。

在社会发展的历史进程中，文化城市的发展过程是文化建设与城市全面发展的自觉融合的过程。周松峰（2015）认为在现实的城市建设发展过程中，城市内部会显现出多方面的融合：一是传统文化与现代文化的融合；二是传统产业与文化产业的融合；三是文化创造与文化生活的融合；四是文明创建与生态文化进一步融合；五是城市形象与城市建设的融合；六是内在文化建设与外在文化的融合。城市反映着人类文明水平，城市自身也历史地从政治型、经济型走向文化型，最终成为文化型城市。

二　城市文化战略及其效应

从探索城市形象这一议题出发，张鸿雁（2002）通过分析城市形象的概念、范畴与系统结构，认为城市文化是城市形象塑造的关键要素。在将城市文化资本与城市形象进行系统整合的思路下，分别从城市理念系统、城市行为文化系统和城市视觉系统三个方面阐述了城市形象的构建路径，并运用营销理论探索了城市形象营销。

杨苗青等（2002）从城市和区域发展的视角，通过分析广州市的城市文化发展状态、特征以及城市文化战略，指出城市文化对于培育城市文化精神、促进城市健康发展以及提升城市竞争力和吸引力具有重要意义。

朱铁臻（2003）认为城市文化是城市全面发展的推动力，是城市的灵魂，是城市的综合竞争力，是城市形象的基础。而文化产业则是城市的支柱产业。

从科学完整性和社会发展需求角度出发，饶会林（2004）提出仅仅依靠城市经济学、城市管理学很难完整支撑城市研究的内在要求，在此基础上提出城市文化学的思路，并认为城市经济学、城市管理学和城市文化学是相互关联，由浅入深的关系。城市发展的最终决定因素是城市文化，并重点分析了城市文化对于提高城市管理水平，促进城市经济发展，提升市民文化素养的关联作用。

饶会林（2005）还从总结分析文化的定义出发，充分洞察当前我国城市社会生产、生活中传统伦理道德和民族精神等方面日趋缺失的状态，提出城市精神文化是城市文化的核心，结合我国城市发展状况，对城市文化包含的四个主要方面即城市精神文化、城市管理文化、城市产业文化、城市建设文化等作了详细分析，在此基础上提出了实施城市文化战略的建议，并重点分析了城市文化事业和城市文化产业两个方面的战略实施。

郭晓辉等（2005）在分析竞争理论、文化理论和城市本质理论基础上，从生态文化环境、文化产业、文化资本运营、信息化建设、学习型城市、城市精神、城市品牌、城市形象、防治公共危机、依法治市等十个方面提出了城市文化战略路径和方法，并在国际比较的视野下提出了城市文化竞争力的评价指标体系。

从城市营销的角度出发，张京祥（2007）等通过对南京奥体新城的实证研究，揭示了大事件对城市品牌的有利影响，并指出需要实现"增长型政府"向"发展型政府"治理模式的转变，以建立更稳定、广泛的城市增长联盟。伦佐·乐卡达内等（Renzo Lecardane，2003）亦阐述了大事件营销作为城市发展战略的意义和效应。

张敏等（2007）通过对南京市城市文化战略及其空间效应的分析，指出南京的城市文化战略和全球趋势一致，具体表现为以文化设施建设，文教机构扩展，文化产业发展，特色文化空间营造与大型文化事件为主要内容的城市文化经济策略和城市行销策略。这一系列文化战略的实施不仅加快城市空间外向拓展，而且通过功能置换、特色空间营造和文化产业空间集聚使得城市内部空间结构不断转化。

张伟（2013）从上海市建设国际文化大都市为目标的城市文化战略着手，结合2010年上海世博会的成功举办，认为上海市文化战略实施所取得的成就包括产生出的独特的、内涵丰富的"海派"文化，促进了文化产业成果大丰收，加快了公共文化服务建设等。指出上海市将大力发展文化事业同上海的"四个中心"建设结合起来，并在全国首次提出将经济发展和文化战略放在同等重要的地位一并考虑的发展经验值得我国其他城市借鉴。上海在建设国际文化大都市过程中取得了骄人的成绩，这是上海文化产业的成功，更是文化战略的成功。城市软实力在加强，国际竞争力在提高。可见城市文化产业的发展能促进城市经济的发展，能促进城市功能向服务产业发展的方向转型，制定适合城市发展方向的文化战略是非常必要的。

而将文化产业和创意产业作为城市经济发展新增长点（高长印，1997；汪明峰，2001；周末等，2007），或者将文化策略作为城市更新的重要手段（孙凤岐，2000；徐琴，2002；黄鹤，2006）的相关研究较为丰富。但研究重点是文化产业和创意产业的经济效应，对文化产业如何与城市社会、文化发展相整合、协调的研究有限。

第三节　国内外相关实践

实际上，无论是在国内，还是在国外，当前还没有完全按照文化城市这一完整性概念进行实践的案例。但是将文化作为一种战略意识的实践，则在 20 世纪 80 年代的整个欧洲已经开始。欧洲文化之都（Capitals of Culture）就是其中最为盛行的一种形式，一直延续至今。该项实践只是像争取奥运会举办权一样，通过竞标模式确定每年的举办城市而使其在该项活动中主要有两个基本目标：其一是通过遍及欧洲的文化之都活动使整个欧洲珍视其共同的文化资源和文化价值观，从而增进各国国民之间的相互了解。其二是让公众增强对自己所居城市、地区和国家的文化资源和文化特质的认识，且借此机会复兴城市经济和城市知名度。关于这些文化之都活动的具体措施，战略效应以及成功经验等，巴穆－瑞伊（Palmer－rae，2004）文化顾问协会作了详细总结和调查研究。另外欧洲还开展文化月（Cultural Months）活动。受欧洲影响，美国亦开展了以文化为主线的一系列文化基础设施建设及文化节活动。另外英国伦敦于 2003 年正式提出了建设文化首都的概念，并发布了题为《文化首都——世界城市的潜能发现》（*London，Cultural Capital：Realizing the potential of a world－class city*）的城市文化发展战略框架（Public Liaison Unit，2004）。韩国的首尔、日本的东京以及新加坡等为了应对国际城市竞争的加剧和竞争内涵的变迁，均实施了城市文化战略（瞿世镜，2005）。

　　国内方面，南京市政府在 2002 年 8 月提出"文化南京"战略，打造城市品牌，提升城市竞争力，促进城市经济发展成为城市文化战略的新的目标。香港在 2003 年的《施政报告》中正式提出文化战略政府性文件，并付诸实施。北京、上海、深圳等城市 2000 年以来亦实施了城市文化战略，并出版文化战略蓝皮书，梳理城市文化战略成就、经验和相关理论（张泉，2007；叶辛等，2007；彭利勋，2005，2008）。杭州在 2008 年 4 月确立了文化创意"新蓝海"战略，旨在将杭州打造成为文化、创业、环保高度融合的全国文化创意产业中心。当前在曲阜、邹城两座国家历史文化名城基础上实施的"中华文化标志城"是否具有文化城市的基本精神内涵和是否属于文化城市的行列，则是一个有待商榷的问题。

第四节　小结

通过上述国内外文献回顾分析，可以得出如下三个结论：其一是关于城市文化的理解国内外多倾向于广义的城市文化概念，但在理解范式上国外相对丰富，国内则多拘泥于传统理解。其二是对文化城市的理论探索都十分有限，但以文化城市作为城市发展的一种指导理念的相关实践则处于快速发展状态。其三，西方国家城市文化战略的兴起最初多源于城市经济复兴和城市吸引力提升这一根本目标，具有明显的经济指向性特征，但随后逐步开始转向重视城市社会效应和城市空间效应。而我国当前城市文化战略多拘泥于经济效应和传统文化事业，开拓性和创新性仍显不足。

第三章 城市文化的理论探索

本章以文化在城市建设中的重要性为起点，构建融文化资源、文化创意产业、文化场所等为一体的城市文化理论体系。结合华录的典型成功案例，以探究城市文化的类型、特征和分布空间，旨在提炼出城市文化的空间分异规律。

第一节 城市文化的内涵

城市发展是一种经济现象，更是一种文化现象，城市是文化的载体。文化是城市的灵魂，在城市发展历程中起着重要的作用，在城市各要素中有着至关重要的地位。

一 文化释义：理解城市文化的起点

说到城市文化，首先就要谈到文化。文化是一个非常宽泛的概念，给它下一个严格和精确的定义非常困难。"文化"乃是"人文化成"一语的缩写。在中国古代，"文化"最早见于汉代刘向的《说苑·指武》："凡武之兴，为不服也，文化不改，然后加诛。"一说最早出于《易经·贲卦》的彖辞中："刚柔交错，天文也；文明以止，人文也。观乎天文，以察时变，观乎人文，以化成天下"。稍后，《文选》中收有晋代束广微的《补亡诗·由仪》："文化内辑，武功外悠"。这两处的"文化"都是指文治和教化。自20世纪初以来，不少哲学家、社会学家、人类学家、历史学家和语言学家一直努力，试图从各自学科的角度来界定文化的概念。然而，迄今为止仍没有一个公认的、令人满意的定义。《辞海》对文化的解释有两种，第一种解释认为，"文化是指人类的生产能力及其产品，有广义和狭义之分。广义文化是指人类在社会实践过程中所获得的物质、精神的生产能力和创造的物质、精神财富的总和。狭义的文化指精神生产能力和精神产品，包括一切社会意识形态：自然科学、技术科学、社会意识形态。"第二种解释认为，文化"泛指一般知识，包括语文知识。"《新华字典》上对文化的解释是指，"人类在社会历史实践中所创造的物质财富和精神财富的总和，特指精神财富，如文学、艺术、教育、科学等。"

在西方，"文化"（culture）一词来源于拉丁文 cultura，由 colo、colere（栽培、种植）、cultus（种植的、耕耘的）构成，其原义是指农耕及对植物的培育。到公元前45年左右，古罗马的一些哲学家开始使用 cultura animi 的构词方法，即耕种智慧（蔡俊生，2002）。自15世纪以后，逐渐引申使用，把对人的品德和能力的培养也称为文化。在近代，给文化一词下明确定义的首推英国人类学家 E. B. 泰勒。他于 1871 年出版了《原始文化》一书，指出："文化或文明，就其广泛的民族的意义来说，仍是包括知识、信仰、艺术、道德、法律、风俗和任何人作为一名社会成员而获得的能力和习惯在内的复杂整体。"后人对泰勒关于文化的定义褒贬不一，但都不能忽视它的经典性。英国人类学家 B. K. 马林诺夫斯基发展了泰勒的文化定义，于 20 世纪 30 年代著《文化论》一书，认为："文化是指那一群传统的器物、货品、技术、思想、习惯及价值而言的，这概念包容着及调节着一切社会科学。我们亦将见，社会组织除非视作文化的一部分，实是无法了解的。"他还进一步把文化分为物质的和精神的，即所谓"已改造的环境和已变更的人类有机体"两种主要成分。

从城市社会学角度讲，文化是指人类改造自身、改造社会、改造自然的一切活动及其获得的成果，是人类创造的一切物质财富和精神财富的总和，是人类文明的产物。文化的本质在于人类对客观世界的改造和对人自身的改造：一方面是"人化"，在于人类对客观世界的改造，实现从自然、社会的必然王国走向自由王国的创造过程。另一方面是"化人"，就是在改造自然和人类社会的同时，改造人类自身，实现人自身从"原始人"到"现代人"的跨越。

文化开启了对美的感知。——爱默生

二 城市文化：教化与趋利并存

城市，是以非农产业和非农业人口集聚形成的较大规模的人类聚居地，它不是众多的人和物在地域空间上的简单叠加，而是一个以人为主体，以自然环境为依托，以经济活动为基础，社会联系极为紧密的有机整体，是人类在一定的地域范围内所创造的最大的文化聚合体，代表着先进的生活方式与文化模式。

城市是城市文化的容器，城市文化附着在城市这个在载体上，渗透于城市生产、生活的方方面面，记录着城市的兴衰历程，指引着城市的发展方向，是城市的"精气神"。美国城市社会学家R. E. 帕克曾说过，"城市决不仅仅是许多个人的集合体，也不单单是各种社会设施，诸如街道、建筑物、电灯、电车、电话等的聚合体；城市也不只是各种服务部门和管理机构，如法庭、医院、学校、警察和各种民政机构人员的简单聚集。城市还是一种心理状态，是各种礼俗和传统构成的整体。"换言之，城市决非简单的物质现象，绝非简单的人工构筑物。城市已同其居民各种重要活动密切的联系在一起，它是自然的产物，尤其是人类属性的产物。

王立在《城市文化建设问题研究综述》中对城市文化进行研究，他认为："广义的城市文化是指城市社会成员在特定的城市区域内，在社会实践中所创造的物质财富和精神财富的总和。"它包括城市建筑文化、城市公益文化、节庆文化、休闲文化、科普文化、企业文化、校园文化、军营文化等方面的内容。"狭义的城市文化是指城市社会成员在城市长期的发展中培育形成的独具特色的共同思想、价值观念、基本信念、城市精神、行为规范等精神财富的总和。"

作为文化系统的一个重要组成部分，城市文化首先表现出的是其具有文化的一般属性，其次城市文化作为文化系统中的个体，将表现出其特殊性，这一特殊性主要通过与乡村文化的比较而显现。

（一）城市文化的文化一般性

由于文化本身的复杂性，因此研究文化不可能将文化所包含的一切对象作为一个对象同时予以研究，而只能去繁就简，选择文化大系统中的某一侧面作为研究重点。和城市与区域研究紧密相关的文化研究主要包括文化景观研究、文化区研究、文化集聚扩散研究、文化生态研究、文化超机体论研究、文化空间性研究以及文化的经济性研究等。

文化景观研究的学者认为不是自然造就文化，而是文化作用于自然，并且以文化景观为作用的结果和表现形式，因此考察文化在自然上的外在表现将获得对文化的理解，而文化内部各要素的相互作用关系显得并不那么重要。文化区研究着重讨论某种文化特征或者具有文化特征的群体在空间上的分布，一般文化区可以分为三种类型，即形式文化区、功能文化区和乡土文化区，其中乡土文化区实际上讨论的是地域文化的问题。文化集聚扩散研究讨论文化的空间运动过程与机制。文化生态研究主要讨论人类与环境之间的关系，观点较为丰富，例如环境决定论、文化决定论、环境感知论、生态论、可能论、和谐论等（王恩涌等，2000）。文化超机体论认为文化是一种具有凌驾于人的意志之上的，不以人的意志为转移的力量，其具有内在的结构、机制和能量，因此着重需要讨论文化对人的行为、思想观念等方面的影响。

文化空间性和文化的经济性属于较新的研究领域。其中文化空间性研究属于新文化地理学观点，认为文化与空间具有紧密联系，主要探索人与空间联系的文化纽带，以及空间内涵的人类文化情感。文化的经济性研究着重研究文化作为一种可消费的符号的经济效应，以及文化商品化的可能性。

上述这些研究都是关于一般意义上的文化的研究，其启发我们文化研究中必须重点关注的重大问题。那么，作为文化系统的一个组成部分，城市文化必然具有文化的一般属性，上述问题也必然是城市文化研究必须予以充分重视的方面。其中，需要强调的是，城市作为形式文化区的中心区，其文化的教化功能明显，城市往往是各种创意创新的发源之地，是各地教育设施的集中之地。

（二）城市文化的文化特殊性

基于上文对文化的释义，城市文化可以简单概括为在城市范围内的共识符号系统荷载的社会信息及其生成和发展。而从城市文化的一般性论述中，可以看到其对"共识符号系统"这一重要概念的忽略。事实上，文化的"约束性和规范性"这一最原始功能，正是城市文化与乡土文化相区别的重要方面之一。正如迈克·克朗（Mike Crang）认为的那样，文化是一整套的思想观念和价值观念。它赋予了不同生活方式以深刻意义，生活中的那些物质的形式和具有象征性的形式均产生于这些思想观念和价值观念。文化不仅包括如戏剧、歌剧、艺术、文学及诗歌等这些高雅的象征性活动形式，还包括那些推动文化发展的所有机构以及民间文化和日常生活文化。

因此，在分析城市文化的特殊性时，首先必须参照城市文化所包含的思想观念和价值观念。在此基础上，还必须借助比较城市文化与乡村文化的差异这一方法来对城市文化的最深层次做出剖析。

从社会学角度讨论城市与乡村两者间的区别，最为著名的当为沃斯的"城市作为一种生活方式"的论断，其从城市人口规模、居民密度、居民和群体生活的差异三个方面阐述了城市之于乡村的特殊性（沃斯，1964）。而系统研究城市与乡村区别的社会学成果，通常会提及索罗金（Srokin）、齐默尔曼（Zimmerman）和盖尔平（Galpin）所归纳的九个方面：职业不同；环境不同；地域社会的规模不同；人口密度不同；居民的社会—心理特征的同质性和异质性不同；社会分化、阶层、复杂性不同；社会流动不同；移居方向性不同；社会性互动体系不同（富永健一，1992）。在这里并没有必要对这九个方面进行翔实讨论，本书需要从文化视角阐述城市之于乡村的特殊性。正如迈克·克朗所言，物质形式以及象征形式均产生于思想观念和价值观念。因此，讨论城市居民的价值观与乡村居民价值观之区别，则是最为直接的切入点。

关于城市居民的价值观，德国社会学家西美尔认为：19世纪工业化大生产使城市这一聚居方式成为必须，而专业化则促使每个人更直接地依赖于他人的活动。城市居民的心理性格包含在强烈刺激的紧张之中，这种紧张产生于内部和外部刺激快速而持续的变化。城市这一复杂而快速变化的外部环境，促使居民之间一种不安情绪的产生。为了保持自己不受这些不安因素对自身造成危害，城市居民由此采用理智来保护自己的安全和保留自己的个性。货币经济和理性操控的相互结合，则使公正、精确、冷酷的趋利决策成为可能和必须。由此居民心理表现出来的是趋利和算计，城市的世界由此变成一个巨大的算术题，各种事件、事物都变成以货币为衡量标准的数字系统（西美尔，1950）。

一定程度上讲，西美尔关于城市居民精神状态的论述不免有些偏激。但必须承认的是其的确揭示了城市精神文化中某些最为本质的内涵。事实上，城市人的个性张扬、崇尚时尚潮流、城市增长机制的本质、城市居民对休闲的需求、城市消费主义的盛行等都可以说是上述文化心理的现实表现。

城市居民精神状态与乡村居民的差异性，导致了城市居民日常行为方式的特殊性。因此，关于城市文化结构的划分，本书主张按照城市物质文化、城市制度文化、城市行为文化以及城市精神文化四个层次予以划分。其中城市精神文化处于四个层次最核心的位置，其直接决定了城市的行为文化。而城市的制度文化则属于文化的规范性，即一方面维持城市各构成要素的有序发展和城市的增长本质，另一方面规范和促进城市行为文化的发展，城市制度文化和城市行为文化一种相互直接反馈与促进的关系，处于城市文化的中间层。城市物质文化则属于城市文化的最外层，是城市各种文化存在和发展的物质载体。

三 文化城市：街道芭蕾的理想图景

如上文所言，趋利与算计这一心理，使得城市文化的精神层次表现出了强烈的理性趋利决策特征。这一特征的存在，不可避免地带来诸多负面影响，例如城市居民之间情感的淡化，又如城市空间的枯燥乏味，再加上城市人群缺乏较好的认同感和归属感等等。基于这一现实，明确什么类型的城市才能较好地调和城市增长获利需求与情感认同需求之间的关系，是解决这一问题的首要步骤。而实现这一预设的理想城市图景的路径方法，则是矛盾调和的关键之所在。

（一）作为一种充满人情味的生活空间

1961 年，雅各布斯（Jane Jacobs）发表了《美国大城市的死与生》(*The Death and Life of Great American Cities*)，对城市大规模更新建设以及规划师们所主张的规划理念和手法给予了强烈的抨击，认为这些决策没有介绍城市引向亲切宜人的居住环境，反而是造成了城市空间的冷漠、资金的浪费以及城市贫民窟的恶化与扩张。认为城市里成千上万居民的兴趣、能力、需求、财富、嗜好必定千差万别，城市提供多样性的选择是支持城市多样性天性的基本要求，并提出了"街道芭蕾"和"街道眼"等重要概念。

不可否认，这些论断都充分显示了作者的非凡洞察力。事实上城市的多样性本质上是文化的多样性，城市需求与嗜好的千差万别实际上是城市居民作为个体或某一利益集团时其利益取向的不同的外在表现。雅各布斯主要从市民的利益取向出发，否定了城市的大规模改造更新，主张提倡小商店而对大型商贸中心保持强烈的反对心理。这事实上是忽视了城市增长机器这一根本属性，仅仅照顾了居住者的利益取向的多样性而忽视了城市精英与决策层的投资与发展需求。

因此，城市的更新、改造与发展是必须予以承认的现实趋势，而充满人情味的城市空间也是全体城市居民所共同追求的美好生活环境。基于这一基本考虑，新的城市图景需要引入文化城市这一概念。作为一个文化城市，其既是街道芭蕾的上演空间，也是多种文化共融的舞台，还是城市增长机器本质得以延续和发展的综合系统。其核心就是恢复与维护城市居民的街道或社区情感纽带，加强利于城市各类人群感情交流的物质空间的塑造。

文化与城市的复杂性，决定了文化城市的难以定义性，但文化城市作为人们追求的一种理想图景，必须是一个可支持城市文化多样性需求，充满人情味的生活空间。文化城市将生活而不是生产置于首位。也即是说，文化城市不以塑造生产性城市为根本目标，也不是简单的建设为消费性城市，而是将重心置于塑造高质量的、充满人情味的生活空间上；将城市居民的心理感受置于首位，将营造令人愉悦的工作、生活、休闲环境与氛围作为其根本出发点。

（二）作为一种城市发展的理念和方法

总体来说，文化城市具有两层内涵，即它既回答了当前城市发展应该选择的理想图景，也回答了实现这一目标图景的基本路径。

回顾上文所述，文化最原始的意义在于"以文教化"，是一个动词。因此，这里文化城市所表现出来的第二层内涵就是利用文化这一手段来实现街道芭蕾这一城市发展的理想图景。简单概括即"以文化人，以人化城"，用文化提升城市居民、用文化促进城市发展。

文化城市，必须以文化为基本组织核心，贯注于"以文化人，以人化城"这一基本理念。文化的多样性、多层次性决定了文化城市发展战略的多维度性。不仅需要关注城市居民的理性趋利决策这一本质特征，还需要关注城市居民构成的多样性引起的理性趋利决策产生的结果的多样性。与此同时，在满足这一趋利与增长需求的同时，还必须通过文化手段降低趋利心理（增长机器的本质）所造成的城市认同感与归属感削弱、物质空间冷漠等负面影响。

基于上述理解，可以尝试将文化城市界定为：以城市文化为核心手段组织城市经济活动、社会网络与空间形态，支持城市文化多样性需求与城市增长机器本质，处于不断发展状态的充满人情味的现代城市生活空间。

四　城市文化属性：独特与完整

城市是人类创造出来的完全不同于乡村的居住模式，城市从它诞生之始就有集物质与精神于一体的特点，它是人类发展到一定阶段的产物。可以这么说，城市是迄今为止人类聚落发展的最高阶段，是人类文化发展到一个新阶段的重要标志。城市文化是城市在长期发展的过程中社会、经济、科学技术、宗教信仰和生活方式等长期积累的结果。由于每个城市所处的地理环境位置、自然条件和气候条件的不同，其社会、经济、科学技术的发展状况和宗教信仰、生活方式也不同，其城市文化自然也有所不同。世界上的城市之所以千差万别，其根本原因就在于其城市文化的不同。

城市文化的产生有其特殊的背景与土壤。每一个城市的形成与发展都是在特定的地理环境、交通条件和历史积累的基础上逐渐产生的具有自身文化特质的文化，它不仅仅包含物质层面的积累，很重要的是它精神层面的文化积累。每一个城市或区域由于受自然、经济和人文要素的综合影响，都存在着显性和深层次的文化差异。自然和人文的影响愈是多样化，城市的集聚性就愈复杂、愈有个性。所以，城市文化的特点就是它的差异性与独特性。城市文化随城市的产生、发展而形成，在自然、社会和经济等诸多因素的作用下，具有以下几个方面的特性：

（一）集聚性

城市化是人类社会发展的总的大趋势。在人类文明发展的历次重要发展阶段中，人类文明的储存与传播、财富的聚合与创造、乃至信息与权力等生活的各个方面都以城市为中心汇集了起来。无论是西方古代巴比伦文明、埃及文明还是东方的印度文明和中国文明，它们的形成与发展都证实了城市在文化集聚与传播方面所起的作用。特别是西方工业革命以来，世界城市化的步伐逐渐加快，大量城市人口从偏僻的乡村吸引到大城市，城市就像一个大熔炉把不同民族、不同的文化相互融合后产生新的种族与新的社会形态。在这个发展过程中，传统的城市文化和不同民族文化冲突、融合后所产生的新的城市文化形成一种强大的凝聚力。当这种凝聚力以城市自身独特的方式把市民凝聚成一个文化的统一体时，便构成了新的城市文化与形象。而这种新的城市文化与形象在显示城市个性的同时，也凝聚着市民的精神力量。正是依靠这种凝聚力，城市才得以发展与延续。如我国长江流域的众多城市，特别是类似于武汉这样的大城市，由于其显著的地理与交通位置而聚集了大量人口，其交通、生产、信息等系统构成了错综复杂的人类生态关系，使城市不仅具有集聚功能，而且还成为文化传播的载体。

（二）多元性

由于城市工业化的发展，商品经济影响并渗透到社会的每个角落。城市细密的劳动分工和职业划分，给人们提供更多的就业与发展的机会，带给人们更多的希望与梦想。与此同时，也带来了全新的习俗与思想形态，这些新的变化在短短的一两代人的时间内就会使人们产生巨大改变，早期城市文明中某些旧的惯例会迅速瓦解，而新的文化会渐趋形成。这会更加丰富原有的文化形态，使城市文化向更加多元化的方向发展。这种城市文化的多元性与丰富性，为市民提供了较好的环境进行多种选择去满足个人需求的可能，同时，极大地激发了城市的内在活力，增加了城市对不同文化背景的人的吸引力。如我国南方沿海城市深圳，由于其紧邻香港与广州的独特地理位置，在国家经济发展特区的优惠政策下，在30多年的时间内就从一个小渔村迅速发展成为一个集工业生产、信息产业以及科技等方面发展迅猛的新型城市。深圳作为一个移民城市，其良好的发展机遇吸引了大批来自全国各地的优秀人才以及境外的投资者，这种来自国内外的人口集聚以及多元的文化融合，使得深圳成为我国发展最快且极具生命活力的新型城市。

（三）地域性

城市文化是城市在长期的发展过程中累积的结果，由于每个城市的地理位置、气候条件和生产生活方式的差异，历史地形成了不同的地域文化，不同的地域文化又具有不同的地域特色。如黄河流域的三晋文化、齐鲁文化，长江流域的巴蜀文化、荆楚文化、吴越文化都有自己的文化渊源与地域特色。

（四）辐射性

城市的形成与发展都有一个共通的特点，就是它显著的地理和交通位置，这一特殊的地理与交通位置会使城市成为某一地域的中心或政治统治中心。特别是一些大城市这些特点更加明显，它们大多临江、临河、临海或处在某一地域的中心。这就使得这些城市成为人流、物流以及财富流通与信息交流的主要场所，从而使得不同的文化在城市里得以交流与发展。大量的人流集聚也使得人类的思想、知识、技能与经验日积月累地快速集聚与传播开来，并自然形成一种约定俗成的生活秩序。由于城市的日常供给和各个方面的需求，城市和乡村乃至周边市镇有着紧密的联系，加之各城市之间、各区域之间、各国之间发展的不平衡，使得城市不论是在物质与文化上与周边地区各个乡镇、各城市之间、各国家的城市之间有着广泛的交流、融合与传播，从而形成一种辐射的状态。如我国长江三角洲的诸多城市如上海、杭州、苏州等城市，我国南方的广州、深圳、香港等城市不仅对我国内陆城市和地区形成一种辐射状态，甚至对海外的国家与城市都形成一种辐射状态。

所以，城市是政治、经济、社会、地理与环境等诸多因素共同发挥作用的结果。城市除了具有集聚、生态、人文创造的功能外，还和周围城市生态系统之间进行着物质、能量和信息的交流，它是一个开放的系统，现代城市的发展更是依赖于这种城市系统的开放性，以维持城市居民的生活以及城市生产的正常进行。城市是一个系统，且是一个多因素、多层次的大系统。同时，它又是一个不断发展与变化的动态系统。城市文化就在这不断发展与变化的大系统中不断酝酿、形成、融合与发展，它既有自然的因素，也有人文的因素，所有的因素综合形成某一城市文化的独特与完整的特质，在人们的行为方式、价值观念等领域形成相对一致的文化体系。

五　城市文化目标：融合与超越

正如上文所述，文化城市的提出基于复杂的时代背景：不仅包括经济全球化以及随之而起的文化全球化所引起的文化危机，还包括当前快速城市化所引起的诸如社会极化、城市中心区衰退、城市生活人情味丧失、城市与区域环境恶化、城市文化特色式微等。因此，构建文化城市必然具有多目标指向。

首先是保障国家和民族的文化生存。在当前全球化语境下，伴随经济全球化的是文化全球化，受全球强势文化传播的影响，地方文化受到了巨大的冲击，部分属于民族特色的文化传统处于快速式微状态。特别是受塞缪尔·亨廷顿（Samuel Huntington）文明理论的影响，以美国为首的强势文化在全球快速渗透，不仅显示了其文化经济扩张的能力，也表明文化软实力的巨大能量，这直接威胁一个国家的文化生存安全。在我国，城市对于保证国家文化生存安全具有重要作用，一方面城市是各种文化资源集聚之地，也是人口集聚之地，文化创造力远远高于乡村，随着城市化的推进，城市的文化创造力将更加增强。另一方面，目前我国城乡二元结构依然明显，中西部发展差距依然巨大，通信与网络资源占有率各地区参差不齐，许多地区依然处于全球网络的边缘末梢，全球文化在中国的传播依然表现出从大城市到一般城市，再到县、乡、村这一明显路径特征。虽然"地球村"概念为我们勾勒了一幅"无处是边缘、处处是中心"的世界空间格局图景，但这只是一种可能，而不是一种现实。因此，作为全球文化传播路径的第一站的城市，依然是控制外来文化传播的重要空间，是传递"有利"文化，过滤"不利"文化的重要节点。要保障国家和民族的文化生存安全，包括两层含义，即实现文化的继承和超越。继承即科学保护已有的文化资源，超越即在已有文化资源基础上通过对外交流、吸收全球文化精华而实现文化创新。

其次是以文化的手段促进城市经济可持续增长。正如莫勒奇（Molotch）所言：几乎所有地区政治经济的本质都是增长，不管地方精英们在其他问题上的分歧有多大，对增长的追求是他们取得政治共识的重要共性。城市本质上就是一台增长机器，虽然只用人口变化来论证"增长"，但"增长"一词所指的是全部相关事件的综合征（莫勒奇，2005）。因此，必须充分尊重城市增长机器这一事实，将文化资源与文化机制纳入城市增长机制之中，实现城市经济的可持续增长。事实上，城市经济的增长一定程度上是城市得以维系、城市文化得以创造的基础，也是满足城市理性趋利决策心理的先决条件。

再次是促进城市居民日常交流，破解理性趋利决策造成的城市居民的心理与情感隔离。城市特殊的社会组织形式和高速运转的增长机器决定了城市居民不得不淡化传统乡村文化所拥有的强烈家庭情感与血缘纽带，由此造成的是认同感与归属感的逐步退化。而城市的专门化生产则造成城市个体相互之间依赖性的增强，交往圈的复杂性和不确定性却又造成了内心紧张与自我保护意识的萌生，由此造成利益算计与内心退隐两者的复杂形式植入居民内心。城市居民因此处于依赖性的增强与自我保护心理强烈的矛盾之中。为此文化城市必须充分理解和重视城市居民的这一精神状态，采用文化手段缓解这一矛盾。从理论上来看，破解这一矛盾的路径有二，其一是提供日常交往的场所以鼓励情感沟通，其二是提供文化这一交流媒介以实现交流的顺畅。

上述三个目标总结起来，即是融合与超越。融合即经济发展与社会文化进步相协调、全球文化与地方文化相共存、传统文化与现代文化相融合、世俗文化与高雅艺术相共生等；超越即实现城市文化教化、城市文化创新、城市文化全球扩散等。

第二节 城市文化的构成框架

一 基础要素：文化资源

文化城市的基础即是文化资源的存在，一方面文化城市这一图景必须以多样性的文化为其基本构成内涵，以满足城市居民多样性文化消费以及文化与情感交流的需求；另一方面文化城市这一目标的实现必须依靠整合、发展、经营、运作，文化资源才能获得实现。

61

那么，何谓文化资源？广义看来，一切文化存在都可以看作是文化资源。但文化存在要真正成为一种资源，必须具备一个基本条件，即人对文化存在的发现，对其所隐含的文化价值与（或）经济价值的认知与认同，并确保通过创意这一手段实现文化的社会价值与（或）经济价值具有可能性。例如在工业化初期，人们普遍认为过去的古堡、古塔以及传统的风俗习惯属于落后的存在范畴，有碍于经济发展和城市增长，而在当前时期人们普遍认为传统历史文化遗产，无论是物质性的还是非物质的，都具有重要价值，一方面可以保障文化继承从而增强认同，另一方面亦可以将其内含的文化符号进行商品化而获得经济利益。再如，工业化残留的破旧工厂如今亦被当作一种工业遗产得以保存和重新利用。

对于城市来说，文化资源的内涵主要包括哪些方面？事实上，城市文化内涵的丰富性决定了城市文化资源的丰富性。从城市的历史积淀来看，文化资源包括城市所拥有的一切物质文化遗产和非物质文化遗产，以及尚未列入物质文化遗产的其他方面，例如城市的历史名人、城市典故、民间工艺甚至是城市的整体风貌。再从城市的现实状态来看，文化资源还包括城市当前所拥有的一切教育资源、科技资源与成果，也包括城市居民的精神面貌、道德、理想、价值观，还包括城市政府领导力、城市机构组织形式，甚至是城市居民本身以及由此形成的整个社会文化氛围与文化网络。可以说，城市文化资源无处不在，以至于难以充分列举。正如兰德里（Landry）所言：城市的每一个缝隙里都藏着一个未被发现的故事，它们都具有充分的潜能可以被用来促进城市产出一系列的正面效应。

对于具有复杂内涵的概念，最好的理解办法就是进行分类尝试。根据文化资源的价值的外在表现形式可以分成两类：其一是价值已经凝聚成具体物质形态的直接可视型文化资源，主要包括物质文化遗产、现代艺术品等。其二是价值内隐于物质实体之内的间接可知型文化资源，例如价值观、科技水平、管理能力、城市精神、文学作品等。文化资源既有一般资源的特点，也具有明显的特殊性。首先，从文化资源的内涵来看，文化资源是一个动态变化的概念，这是因为人类认知水平处于不断变化之中。其次是文化资源具有地域特征，即不同种族和人群对文化存在的价值认知具有差异性。再次，部分文化资源具有可多次交换性，即不同于煤、石油等传统自然资源，一些文化资源可以进行多次交换，具有裂变效应，例如一种价值观、一种工艺技巧、一种思想等，在交换之前，交换双方分别拥有一种不同的观念、技巧或思想；通过交换，交换双方将分别获取两种观念、技巧和思想。也即是说文化资源通常是被精神性消耗，而非物质性消耗。

文化资源作为一种具有共同认知价值的存在，一旦人们将商品经济以及资本经营的思路引入其中，文化资源则会转变为文化资本。文化资本是文化城市增长的基础，是运用文化手段促进城市发展的运作对象，也是文化城市多种社会、经济目标得以相互促进与转化的条件，正如布迪厄（Bourdieu）所言：文化资本居于经济资本和社会资本之间，文化资本的显性作用可以通过教育、出版、销售转化为经济资本，文化资本的隐性作用可以通过知识和培训转化为社会资本，构建信任、规范、网络互动为基础的良好的投资环境。

文化资源一旦转变为文化资本，便具有累积效应。即某一时期通过运作文化资本所创造的文化产品在下一时期将一定程度上转化为文化资本。因此划定某一时间点，城市内一切文化存在都可以看成文化资源，例如下文所列举的文化创意产业、文化景观以及到最后的文化制度与政策等。但本着文化城市的逻辑关系，以及为了凸显文化城市的显性要素，有必要将如下五要素分别单独列出，进行阐述。

二　动力要素：文化创意产业

文化创意产业的发展基础是对文化资源的经营和开发，也即是文化资源的商品化所形成的产业门类。文化创意产业首先表现出来的是其巨大的经济效益，其次是由文化创意产业发展带来的创意人才集聚、创新孵化、资本扩张以及随之增加的社会就业。上述这些社会、经济效应与城市决策层所追求的城市增长这一根本目标的一致性，确定了文化创意产业是文化城市的动力要素。

事实上，文化创意产业这一术语形式主要在中国采用。其与西方国家所称的创意产业、文化产业、创意经济等基本属于同一术语的不同形式。这些概念，如果采取非过分严格意义的界定，基本上具有等同的内涵（钱紫华等，2008）。本书采用文化创意产业这一说法，原因有三。其一是创意产业事实上发端于文化产业，因此其与文化之间具有千丝万缕的关联，采用文化创意产业，强调了创意产业的文化属性。其二是采用文化创意产业而没有直接采用文化产业，主要是保留"创意"一词，用以表明该产业捕捉了新经济的前沿动态,具有重要的经济地位。第三在于与我国采用的说法相一致,实际上该说法也是一定程度上映射了我国作为社会主义制度下国家的文化产业与文化事业的复杂交叉。

关于何谓文化创意产业,也即哪些产业才能作为文化创意产业并没有统一看法。事实上,不同国家不仅采用了不同的术语,而且界定的具体行业类型也不尽相同。例如英国采用创意产业概念,其中界定包括广告、建筑、艺术品与古玩市场、手工艺品、时尚设计、电影、电子游戏与电子出版、音乐、表演艺术、出版业、软件、电视与电台广播、其他设计性产业等13个门类为创意产业;美国则没有明确的概念,通常将文化艺术业、影视业、图书业和音乐唱片业作为文化产业的构成;澳大利亚则根据联合国教科文组织的标准,把文化产业(和娱乐业)划分为遗产古迹类、艺术类、体育和娱乐活动类、其他文化休闲类等四类(吕庆华,2006)。而目前较具有国际通用性的是从文化产业的生产系统角度出发,并参考联合国、英国、日本等标准产业分类编码而编订的文化产业统计范畴。

目前国内对文化创意产业的定义和认识存在一定分歧,其中使用最多的概念是"文化产业"、"创意产业"和"文化创意产业"。归纳来说,国内学者对文化创意产业的定义是:文化创意产业是以文化产业为基础,以农业、工业和第三产业为创意对象,以创意策划为核心,采用设计、策划和软件、网络、计算机服务等新媒体技术,通过产品的制造和营销,以及衍生产品的开发而形成的产业链,将文化制品及文化服务转换为商品与服务的价值链,并最终实现价值链的扩散与增值的新兴产业。文化创意产业贯穿于国民经济和社会发展的各个方面，是中国产业结构发展到高级阶段的新型产业类型（张蔷，2013）。

进入 21 世纪以来，作为文化、科技和经济深度融合的产物，文化创意产业凭借独特的产业价值链、快速的成长方式，以及广泛的产业渗透力、影响力和辐射力，成为全球经济和现代产业发展的新亮点，成为国家经济发展的新动力。中国文化创意产业虽发展相对滞后，但呈现持续快速增长势态。为促进文化创意产业持续健康发展，继中国共产党十七届五中全会提出加快"文化产业大发展大繁荣"后，十八大报告又提出大力发展文化创意产业、建设文化强国的战略决策。

2017 年 2 月 23 日发布的《文化部"十三五"时期文化发展改革规划》强调，要"推动文化产业结构优化升级，加快发展动漫、游戏、创意设计、网络文化等新型文化业态，继续引导上网服务营业场所、游戏游艺场所、歌舞娱乐等行业转型升级，全面提高管理服务水平，推动"互联网＋"对传统文化产业领域的整合。"规划"进一步区分了"传统文化业态"和"新型文化业态"之间的关系，强调落实国家战略性新兴产业发展的部署，加快发展以文化创意为核心，推进文化创意和设计服务与实体经济深度融合，催生新技术、新工艺、新产品，满足新需求。

除产业的政策导向之外，国家还推出了一揽子的文化创意产品扶持计划：加强示范引导、搭建平台、展示推广，调动博物馆、图书馆、美术馆等文化文物单位和创意设计机构等社会力量积极性，创作生产弘扬中华优秀文化、适应市场需要、满足现代消费需求的优秀文化创意产品。

文化创意产业可以说既是城市的增长引擎，也是城市居民参与城市创新的重要媒介。文化创意产业不仅涉及的门类较多，具有明显的带动效应，而且是城市经济增长和文化保存、发展的契合点。因此在城市经济增长与城市发展的这一目标驱动下，作为文化城市则必定以文化创意产业作为实现这一目标的重要手段。文化创意产业的发展水平不仅体现了文化城市利用文化资源发展城市经济的能力。由此，文化创意产业作为支持城市增长机器这一本质的重要媒介，构成了文化城市最为重要的要素之一：动力要素。

三　魅力要素：文化景观

要阐述文化景观是文化城市的魅力要素，则必须先理解文化景观的含义，而文化景观的含义必须以对景观的深入理解为基础。

景观，无论是国内还是国外，都是一个具有艺术性，但又难以说清的概念，它与园林、建筑、地理、规划等多种学科交叉、融合，在不同的学科中有不同的意义。建筑师把景观当作独具特色的建筑物；地理学家把景观作为一个科学名词；艺术家把它作为城市中的一个艺术品。在这里，我们探讨的"景观"，是从社会文明发展的角度进行分析的。景观，与文化习俗一样，是一种社会文化现象，客观反映出一定时期内一个国家或地区的生产力发展水平，是经济发展和审美特色的综合体现。不同地区中不同的自然条件、生活习俗和地域特色是形成不同地方各类景观的重要因素。中国幅员辽阔，历史悠久，人口众多，不同的地域文化造就了多样的城市文化景观。从江南园林景观到藏族宗教景观，从巴蜀的山地景观到内蒙古的蒙古包景观，无不体现出景观中的地域文化特色。勃兰特·罗素在《西方的智慧》一书中指出："国家等于城市，城市是人类文明和文化发展水平的标志，任何类型的国家在我们现代人心中都是以其几座城市为代表的。真正的城市就不意味着只要有足够多的人在一起居住就可以自然而然地形成，城市应该是一群人的精神标志。构成城市最重要的因素之一，即为城市景观面貌直接反映的即为此城市的历史文化及地域特色"[①]。

文化景观是居于某一地域范围内的某一文化集团为了满足其需要，利用自然界所提供的材料，在自然景观等基础上，叠加上自己所创造的文化产品。（王恩涌等，2000）。因此文化景观同景观相比较，强调了景观所内隐的文化因子，例如价值观念、审美情趣、历史掌故等。因此，对文化景观的审美和感知需要一定程度的信息加工和理解才能领会其内含的文化意义和价值。

在这里，需要借用波德莱尔的"漫游者（flaneur）"这一虚拟的诗化意象，与其原始含义不同的是，这里的漫游者不是指一种无家可归、无依无靠的流浪汉的形象，而应该是倦怠舒适与惬意的城市自由漫步者。只能在这一前提下，城市景观才具有了近距离感知和可多维度解读的可能性。也只有将体验城市景观置于这一角色时，城市景观才算深入其最生动与真实的层面。

文化城市，必须将文化景观最具魅力特质的文化要素充分凸

---

① ［英］勃兰特·罗素：《西方的智慧》，文化艺术出版社1997年版。

显出来，以利于城市居民和其他有机会接触该城市的"漫游者"对城市文化的感知。如果将城市文化看作是一种思想，一种风度，其具有潜藏性和无形性，那么文化景观则是这一思想的形式表达，也即城市文化通过城市景观这一媒介得以具体化表达。而漫游者对这一媒介的接触，则完成城市文化的传递和文化景观的最终形成。

城市文化景观包含多个层次。对于外来的"漫游者"而言，城市景观属于表层，是其最易感知的对象，即一般性风景审美的过程。有序、细腻而丰富的城市景观将给"漫游者"带来强烈的审美冲击和深刻的感知意象。例如林奇1960年通过城市居民的描述与认知地图调查的方式，揭示了路径、边界、区域、节点和地标五大要素是减轻因方向感迷失而产生的恐慌感与不安感的重要手段，是构建鲜明特色的城市感知意象的重要手段（凯文·林奇，2001）。再如威尼斯则以蜿蜒的水巷、流动的清波、精巧的建筑以及细密的城市纹理体现了其水都风采，给人印象深刻，诗意遐想。

城市文化景观的第二个层次，即内涵的城市文化价值、情趣与城市精神等。由于该内容的隐性特质，其必须依靠一定的规划设计予以表现。例如采用"植入式"广告的手法，不经意中将城市文化价值观、审美情趣、风俗习惯等传递到外来"漫游者"的意象之中。兰德里在《创意城市》（*The Creative City*）一书中列举了法国蒙彼利埃（Montpellier）市对外来"漫游者"所传递的城市文化信号：机场多种语言写就的问候语表明了该市是一座国际化城市；一路随处可见的城市植树计划与土产鲜花列阵表明该市是一个生态城市；一个高新区以爱因斯坦、诺贝尔等科学大家以及全球顶尖科技公司命名街道以传递他们重视人才与高科技的决心，如此等等。

需要特别强调的是，城市文化景观最为深刻的层次，即展现城市社会图景与风俗习惯的城市居民。这些内涵通常表现在城市居民的身上，例如居民服饰、行为、礼仪与语言以及由人所组织的各种文化活动等。巴黎为什么成为浪漫与时尚之都，其关键在于巴黎人的审美情怀和时尚装束；而纽约为何又成为现代商业文化的代名词，其关键在于纽约人呈现的商务形象与追求效率的观念。在我国，上海呈现了"海派文化"，北京则呈现了"京派文化"，除了其物质文化景观所传达的信号外，最能区分这一文化差异的是两地市民的不同思想观念与行为文化。

城市多种人群的行为、服饰、语言等都构成了现代城市文化景观的一个重要方面，都是展现城市居民文化涵养与价值观念的重要窗口。城市多种人群的行为、服饰与语言等将直接影响到外来"漫游者"对城市包容性、文明度、开放度的感知。

去咖啡馆品一杯咖啡、对着大玻璃补妆、对着橱窗样品发呆、找几个人去酒吧闲聊等勾勒了一幅小资情调的生活画卷。而在城市中挣扎、奋斗、受伤、痛苦并快乐着的所谓"都市女孩"，在现代大城市中的虚幻与真实、道德与情色的挟持下所表现的生活苍凉与自我实现（王建光，2007），则从另一个层面显示了城市的多元与冷酷。而这一切，都是一个城市的文化景观构成。

城市是一个光怪陆离的舞台，每个人都是演员，每个人也都是观众。而这一切，都构成了"漫游者"深察城市文化的一出出好戏。那么这出戏是否同样能够成为城市本身的魅力之所在，则取决于对城市文化的引导、控制以及"漫游者"的审美情趣。

四　孵化要素：文化氛围

文化氛围是城市文化思想、文化沉淀、文化品格、文化标志的必然文化表达，是城市精气神本质释放、演绎和溢出效应的外在呈现，是百姓文化需求的最直观感觉、体验与享受。随着世界文化发展格局、环境、背景的变化和人们思维、行为、生活方式的改变，文化氛围已成为考量一座城市综合指标的关键要素。契合这一背景，政府在新时期管文化，不仅要出规划、思路、政策，更要重视文化氛围的营造。

城市因经济而强大，因文化而精彩。城市需要文化，文化需要氛围，发展文化产业需要开放氛围，文化市场繁荣需要宽松氛围，文艺百花齐放需要包容氛围，百姓的休养生息需要人文氛围，有氛围的文化才会有滋有味。

文化的重要性不仅在于其能够丰富城市景观的内涵、提升城市居民生活质量以及培养城市居民的审美情趣，其重要性还在于多样化文化的熏陶与浸润能够促进人的思想进步，激发城市创新能力的发挥。霍尔（Hall）在《城市文明》（*Cities in Civilization*）中，通过历史分析的方法，指出在城市与区域创新中，城市文明是构成"创新环境"（innovative milieu）的重要因素（P. Hall,1998）。例如1880—1914年，维也纳由于地方政权不稳定，多种文化潮流繁盛，城市管理体制出现多方参与的局面，因此造就了其创意中心的地位。伦敦在18世纪成为欧洲发展最快的城市，主要得益于其以开放的态度拥抱各种新文化艺术。

如果说文化景观强调的是显而易见的文化要素的话，那么文化氛围则着重强调隐藏在这一系列显见要素之下的文化基因，是与地方性制度、政策、风俗、思想、精神状态紧密相连的活动逻辑与规则，着重与内化的诸多社会共识。考虑到文化对于城市创意、创新能力的巨大意义，借用"Cultural Milieu"一词，表达城市创意能力得以孵化孕育、城市便利性（urban amenity）得以生成所依赖的文化资本。

与文化氛围相接近的一词是创意氛围（creative milieu）和创意场（creative field）。兰德里（Landey，2000）认为创意氛围之所以成为世界范围内普遍关注的焦点，其原因在于无论从历史还是现在来看，那些从竞争中取得巨大成功并享有世界声誉的城市，其成功关键在于不拘泥于城府老套，而是通过非传统方法和创意手段，将创意有效植入城市的基因代码（genetic code）。

何谓创意氛围？兰德里（Landey）将其定义为：创意氛围是这样一种地方，它可以包含于一组建筑群、城市某一部分、整个城市或者一个区域，它为思想交流和发明创造的交汇提供了必要的基础前提，它由硬件设施（hard infrastructure）和软件设施（soft infrastructure）构成。这一环境使得企业家、知识分子、社会活动家、艺术家、行政人员、经纪人和学生等能够在开放的思维之下进行交流和运转，进而使得面对面的交流能够产生各种具有创造性的新思想、工艺品、服务于机构等，并最终促进经济上的成功。其中硬件设施指各类社会机构，例如研究院、教育机构、文化设施，以及其他支撑性服务体系，道路交通系统、体育运动、保健以及休闲等。软件设施指各种关联结构、社会网络以及人群互动等构成的系统，他们鼓励和支撑思想在个人与社会机构之间的交换和流动。在创意氛围中，社会关系网络组织能力和社会流动支持力是其核心，而是否实现地方植根性和保持创意的良性循环是其两个关键。

如兰德里对创意氛围的定义所暗示的那样，创意氛围的最终目标是促进经济上的成功。因此，其所论述的创意氛围难免具有强烈的经济指向性，即出发点多以经济为核心。这一思路的缺陷在于，其强调了市民作为生产者所需要的生产、工作、商务需求，但是其忽略了作为消费者的诸多精神需求，例如生活审美、情操陶冶等。因此，与创意氛围不同，文化氛围不仅需要关注城市文化底本对经济发展的促进作用，更重要的是将其服务于文化育成、精神陶冶的维度，由此实现继承与超越。

基于这一认识，从文化氛围所包含要素的作用和相互关系出发，文化氛围可以分解为三个维度：其一是支撑城市文化的基础性要素，其二是作为文化氛围塑造的重要参与者与受益者的自身特征与性质，其三是这些要素之间的相互关系所构成的总体网络空间。事实上，具有催生孵化创意和愉悦的城市文化氛围的形成，其关键在于"人"及其相互关系所形成的软环境的优化。而这些要素与关系共同构成城市文化氛围（或称文化场，cultural field），并与区域和全球文化发生交汇互动，实现城市文化氛围的自我强化和城市文化的动态与演化。

文化氛围形成的基础性文化要素主要包括城市文化景观、城市文化休闲空间、城市文化基础设施与机构等。城市文化景观的作用在于其传递的城市精神与风貌。城市文化休闲空间则为城市居民、创意阶层、社会精英等提供交流互动媒介，例如茶馆、画廊、咖啡馆等。这些场所为非正式交流提供了媒介。而非正式媒介的交流和学习，例如当前许多城市出现的"咖啡馆文化"是当前尤为重要的创意生成与交互模式。如兰德里所言：咖啡馆为知识分子、记者、艺术家、科学家，甚至是商务人员提供了一种非正式的日常联系点。在这里，创意、只是与技术相互交织，由此形成了一种无形而紧密的创新网（Landry，2000）。城市文化基础设施与机构，则是博物馆、大型教育机构、艺术长廊等。其中艺术馆、剧院、艺术长廊等，为城市居民共享文化艺术提供了空间。而大学课堂、研究机构等则为知识传承、文化创新等提供了真实媒介。

文化氛围形成的基础性服务与支撑要素主要包括硬件和软件两个方面，硬件如城市交通系统、城市市政系统等，这些为城市工作、生活便利性需求提供基本保障。软件方面则主要包括信息系统、金融系统等。信息系统为城市居民、创意阶层和精英、城市政府快速获取信息、实现远程交互提供了平台，并保持与世界范围内文化变动的跟踪同步。健全完善的金融系统则为具有高风险高附加值的文化创意产业发展提供了资本支持，使得营利性和非营利性创意产品、文化活动得以实现，并取得成功可能。由此形成一种宽松宜人的投资、实验性产品生产、正式生产环境。

在上述基础要素上，高度宜人的城市文化氛围形成同三个活动主体的品质关系密切。首先是城市政府决策层。其需要的品质包括三个方面：意志力、决断力和领导力。意志力即城市政府决策层作为国家制度实行者和城市政策制定者，其必须表现出具有明确的发展目标和方向，并且具有渴望成功的决心、信心以及制定序列性方略的实际行动。但是这一过程必须注意均衡政府领导的独裁意志和集体民主的智慧。决断力则是有战略性的选择发展领域和确定战略合作伙伴，并且具有果断的决策能力。领导力即能够策动和充分发挥城市政府系统的人力资源的潜力，为所制定的目标而协同合作，而这一目标的实现必须将基于个人权力的理性行为与基于共识的感性组织相结合，从而形成基于共识的共同行动。

第二个活动主体是投资精英和创意阶层。投资精英是城市建设发展所需投资的重要主体，因此其与政府、创意阶层具有重要关联。良好城市文化氛围的形成，需要投资精英乐于同政府和创意阶层之间达成信任合作，并形成潜在的地方化交往规则。创意阶层作为文化艺术产品的创造者，不仅具有传承城市文化的作用，还有将城市地方文化同全球文化相融合并实现超越的能力，是城市文化氛围塑造的首要活动主体。

五 活力要素：文化场所

文化场所内的各种人类行为及其实体环境的影响，寓意是处于场所内的人与场所之间的情感联系以及场所给予活动者的各种体验和记忆（舒尔茨，1995）。

从舒尔茨对场所的理解来看，场所最初所考察的对象实际上是一个有界的实体空间，其最为核心的内容是居住于生活中的交往并由此产生的之于个人的意义。为了方便交往，在电话等远程通信技术尚未产生以前，场所的空间场域十分有限，例如限于一个院落，或者一条街巷。而随着通信技术的延展以及小区等社会组织方式的产生，场所这一空间制度开始慢慢扩大。可能达到一个街区，或者围绕一个广场组织的所有居住小区。

20世纪90年代以来，网络技术的逐步普及及其在世界范围内的扩展，使得交往范围更加广泛，场所空间尺度也随之扩张。特别是网络技术不仅可以实现语音交互，而且提供多种视觉交互媒介，例如图片、动画等。这些信息交流形式克服了原来单一的语音信息交换模式的枯燥性，使得远距离交往更加容易并趋向真实。而网络实时视频这一技术则使得远距离交往变得近在眼前。由此，原宥于场所实体空间范围的诸多活动，例如婚恋、学习、交友等都慢慢脱离空间限制，走向虚拟化。

到目前，网络的发展可以说已经使得文化场所概念大为扩展，传统的地理临近性原则基本难以适用。而新近出现的诸多虚拟现实关系的网络场所其空间逐步出现并走向成熟。这种新的网络虚拟场所按照其与现实场所空间的关系，分成两种情况。其一是完全虚拟的场所空间，即虚拟的空间与现实的空间并没有明显的对应关系，例如腾讯QQ、微博、微信、Facebook、网络游戏（例如League of Legends）的社区等。在这种空间之中，其模拟现实社会网络关系，提供各种虚拟活动，例如交友、办公、模拟婚姻、经商等等，参与其中的用户并不固定于某一地域或者某一行业，具有明显的多样性和复杂性，另一种网络虚拟场所空间即与现实机构或者空间相互对应，具有紧密的镜像关系。其中的典型代表为各高校官方微博、微信公众号。这种形式的虚拟空间用户构成具有一定的单一性，例如以本校学生居多等。而另一种情况是现实空间与虚拟社区镜像关系明显，用户构成复杂，例如西祠胡同。其线上"西祠胡同"与线下"西祠街区"相呼应。可以说，网络虚拟场所与现实场所发生了复杂的交织与融合，即一个场所具有虚实两个空间，他们相互促进和交织，任务身份也包含虚拟、现实两个维度。

1933 年发布的《雅典宪章》认为：居住、工作、游憩与交通是城市最重要的四大活动，而居住是城市第一首要活动。这一看法生动揭示了城市的最基本功能，但居住本身并不局限于其所言的栖身、密度、噪音等健康问题，其内涵最重要的方面是居住过程中的活动与交往，以及由此产生的之于个体的生活意义。这也是为何网络虚拟空间得以存在并受到欢迎的原因。通过网络虚拟空间，个体的思想、感受得以表达，生活期望与意义获得虚拟性实现。英国的新城运动（new town movement）建设，在第一代建设过程中明显受到《雅典宪章》的深刻影响，建设效果与期望相去甚远，面临的主要问题是"新城忧郁症"（迈克尔·布鲁顿等，2003）。这表明，丧失场所意义的城市空间，将是一个病态空间，其对于城市居民而言没有太多的吸引力，几乎在其中难以看到生活的希望。在其中个体缺乏精神慰藉和寄托，生活丧失故事和情趣，进而造成生活状态的外在呈现活力欠缺。

如文化城市的核心所言，其力图建成一种充满人情味的生活空间，而不仅仅是一个居住空间，工作空间。文化场所为居民日常生活、休闲的集聚空间，它包括实体环境及与之对应的意向空间和虚拟空间。实体环境通过文化景观、空间尺度、基础设施等内容激发城市居民参与其中的欲望，意向空间则使得这种参与变得具有生活意义，并对个体生活体验、经历、精神状态和记忆进行塑造，由此产生归属感、认同感、安全感。虚拟空间是实体空间的虚拟和意见空间的外在化，即虚拟空间建立了一种利于记录与呈现个体思想与精神状态的媒介。

文化场所的这些特征与属性，直接关系城市居民生活质量的提升，关系城市居民紧张状态的缓解，关系城市居民情感的有效交流，亦关系到城市居民精神面貌的呈现。因此，激发与展现城市居民活力的文化场所就构成了文化城市的活力要素。

六　保障要素：文化制度与政策

城市首先是一个复杂的自适应系统。在外界能量（物质流、能量流、信息流等）的刺激下，城市中各构成要素通过流的形式进行相互作用转化，从而调整城市各要素的平衡构成并由此促进城市演进。另一方面，城市在自组织的演进过程中，亦受到人为介入与规范作用，这一作用可以被认为是城市制度与政策对自组织的调控。而在人为调控中，处于主导地位的通常是城市决策层。城市采取怎样的发展思路，支持怎样的开发与项目运作，关注的重点是什么，都与城市决策层紧密相关。也就是说，文化城市作为一种真实发展的理念和方法，只有在决策层认可且支持的情况下才有可能得到有效实施。同时，城市各构成要素只有在相应的特定文化制度和政策下，才能得到有效协同。

文化制度是一定社会形态、历史条件下上层建筑的一部分，是对文化内容构成的规范性描述。城市文化制度是城市制度文化的一部分，宏观上反映了国家层次的国体、政体以及社会意识形态，中观层次反映了城市文化的地域性特征。

城市文化制度首先确定了城市文化的允许域。也即何种城市文化是禁止的，何种城市文化是提倡的。如我国宪法第一条规定，中华人民共和国是工人阶级领导的、以工农联盟为基础的人民民主专政的社会主义国家，因此在我国的文化制度具有明显的社会主义特征，其提倡发展社会主义先进文化。虽然何谓社会主义先进文化本身就具有较大不确定性，但这表明在我国，对部分资本主义社会的文化元素通常会采用一种抵制或非积极态度，例如在我国界定创意产业时，多倾向于将部分传统意义上的文化事业包含其中。又如在日本，承认视频产业（AV产业）作为一种合法产业受到重视，而在我国对于这一方面具有严格的法律限制。

七　城市文化的理论逻辑

考查城市人口基本利益取向的差异，可以将其划分为三个群体：领导决策层、投资精英以及一般城市居民。如前文所述，无论是政府决策层，还是投资精英，抑或是创意阶层，当不考虑其特殊社会地位时，从其城市生活基本需要出发，都可归为一般城市居民，并与一般城市居民具有相类似的多种需求。但是，由于三者所担当的社会角色具有较大差异，其主要社会任务和利益期望亦具有较大不同。

文化城市的构成框架包括上述六个方面，其相互之间存在严密关联。提出上述构成框架的理论基础包括两个方面：即城市增长机器这一城市特性和城市居民理性趋利决策这一城市社会特征，而这两点正是城市文化区别于乡村文化的最重要方面。

对领导决策层这一社会角色而言，其主要利益取向在于通过城市规划这一调控手段，调控和支配各种城市资源，一方面与投资精英取得合作，实现城市有机增长；另一方面需要尊重一般城市居民需求，平衡矛盾的利益主体。也即城市政府作为城市增长机器的组织和制造者，为某一城市增长目标而将各个利益主体组合起来，获得目标实现。在当前全球城市竞争系统中，竞争的内涵已从规模取胜转换到品质取胜，也即集约式发展、内涵式增长、文化力竞争、高品质生活成为核心。在这一现实条件下，文化城市这一发展路径为领导决策层提供了参考。在考查、发掘城市文化资源的基础上，通过一系列的文化制度与政策规定，使得城市文化资源转化为文化资本、社会资本、经济资本而获得保障。进一步，这些资本通过创意利用，生成具有高度魅力的城市文化景观和育成具有强烈孵化熏陶作用的城市文化氛围。基于此，使得文化形象获得提升，城市吸引力增强，并通过城市营销这一手段使城市全球知名度和影响力增强，由此增强城市文化的扩散渗透能力，最终实现投资资本的引入、人才集聚和城市有效、有机增长。

投资精英是城市各种开发建设项目得以开展的重要资金来源，因此招商引资是城市发展的重要环节。对投资精英而言，特别是着重于投资新经济领域的投资者而言，传统意义上的自然区位条件的重要性开始降低，城市文化氛围成为重要考量要素。由此，城市决策层对"投资群体"实施的相关政策成为投资资本吸引的触媒。然而，对于投资者而言，追求自身利益最大化是其根本目标。在这一目标驱使下，最典型的城市问题是环境负影响加剧、城市公共利益受到损害。这一私人利益与公共利益间的矛盾，在文化城市发展路径下将取得有效缓和：在城市文化制度与政策的支持下，城市文化资源为文化创意产业的发展提供了基础，而城市文化氛围与城市文化景观（之间存在相互转化与促进），通过吸引创意人才、培育创意人才、孵化创意能力等文化创意产业的发展提供了有力支持。

由于文化创意产业具有巨大的产业网络构成，因此其将带动并扩大诸多领域的投资市场，由此在一定程度上满足投资者获利与增长这一原始投资动机。而基于文化氛围和文化景观塑造的城市建设思路则利于部分解决投资精英在获利目标驱使下的诸多行为带来的问题。

一般城市居民（广泛意义上，城市决策层和投资精英均属于城市居民），作为城市生活构成主体，由于其掌握的能影响城市发展决策的可控资源的有限性，其在三者之中通常处于弱势地位。因此，作为最具实际决策权的城市政府，均衡投资精英与一般城市居民的利益矛盾是保障城市公众利益的关键，实现两者的均衡的手段即制度与政策。另外，作为一般城市居民，在理性趋利决策这一都市精神的普遍影响下，城市居民之间普遍产生精神紧张、人际关系淡漠、感情与生活交流欠缺等问题。而传统的城市发展策略与路径，过分关注经济效应而忽视城市文化空间塑造以及城市居民精神层次的关怀，使得这一问题更加严重。基于此，文化城市的发展理念在城市政府的支持下，通过创意利用城市文化资源，一方面，城市文化场所受到重视并予以构建，城市居民的思想交流和感情表达需求得以催生和接纳。城市文化景观为城市居民生活提供优异的熏陶环境，利于激发城市居民思想与感情交流的欲望，城市文化氛围则为这一交流欲望的表达提供了便利的人际与环境网络。由此，处于不同社会角色与地位的城市居民的认同感、归属感、安全感获得建立。这使得人际关系的紧张和冷漠、生活意义的丧失等问题得到缓和或解决。另一方面，城市政府对于文化资源的发掘和对文化创意产业的培育，不仅利于城市经济的增长和培育植根于地方性的文化创意产业，还为满足城市居民的趋利决策——找到好的工作岗位和获得好的劳动报酬——这一心理提供了平台。

第三节　文化城市的类型与特征

区域性是城市文化的基本属性之一，城市文化生长于不同的地区环境中，它是人们根据地区特征，将影响城市文化发展的最具活力的要素进行最佳组合的结果，是人们深思熟虑的愿望和意图的体现。因此，文化城市由于其所处的地域文化环境、形成的历史过程以及主要文化特质的不同，将呈现不同的类型。

关于城市类型的划分具有不同的标准。例如根据城市人口规模将城市划分为特大城市、大城市、中等城市、小城市；根据行政级别分成直辖市、地级市、县级市等；根据产业功能和特性可以划分为贸易型城市、基础型城市、港口运输型城市、综合开放型城市等。因此对于文化城市类型的划分需要在参照已有的城市划分标准上，以突出城市文化特质为基本原则进行划分。

事实上，已存在从文化角度对城市进行划分的尝试。例如陈述彭根据地域文化的不同，将中国城市分为绿洲城市、港口城市、盆地城市、平原城市等。并在此基础上将我国当前城市按照其所代表的历史古文化划分为12个都市群（陈述彭，2001）。

考虑到城市文化的复杂性，本书拟采取以文化特质为主，城市发展历史过程为辅的方法来划分文化城市。所谓的城市文化特质即城市的文化主题。根据理想的文化城市模型，文化城市必须具有一个突出的文化主题，其他文化战略均以此为主线展开。城市文化主题以城市所处的地域文化环境为基础，充分反映城市独具特色的文化景观或价值观念，是文化城市最突出文化特质的概括。城市发展历史过程，即从历史的视角考察城市的起源及其承载的历史事件以及历史贡献，和由此内化的文化特质。其与历史事件、人物具有直接的关联。

基于上述原则，可以将文化城市划分为高雅艺术主导型、大众化娱乐主导型、精英商务主导型、高端技术主导型、传统工业文化主导型、历史文化遗存主导型以及多维综合型。需要指出的是：文化城市不仅关注其所表现的文化特质，还关注其所呈现的社会状态，即成熟的文化城市要求城市本身既具有强烈的体现地域特征的文化特殊性，也需要实现城市社会与空间的高度社会共融性（social inclusion）。在这一严格界定之下，可以认为目前世界范围内许多城市还处在文化城市的发展阶段，还没有理想成熟的文化城市。因此，将世界范围内因其特殊城市文化而著称的部分城市划分为对应的文化城市类型，仅表明其最具发展成为该类文化城市潜质，并不表明严格意义上的文化城市构件也已成形。

一　高雅艺术主导型

高雅艺术主导型文化城市一般具有良好的高雅艺术创作传统，以无形文化艺术遗产为主，例如具有大量的高雅艺术创作大师以及丰富的高雅艺术作品。高雅艺术即传统受到强烈推崇的上流社会以及文化精英才能理解和品味的文化艺术，包括古典歌剧、戏剧、戏曲、油画、诗歌等。在继承和发扬这一高雅艺术创作传统的基础上，城市以经典、高雅为基本目标，吸引世界范围内顶级文化艺术家的集聚，培育本地高雅文化艺术创作家。典型代表城市为维也纳（Vienna）、佛罗伦萨（Florence）。

代表案例：维也纳——世界音乐之都

维也纳（Vienna）是奥地利的首都，地处奥地利东北部，是奥地利九个联邦州之一，被下奥地利州所包围。市区大约处于东经 16°22′，北纬 48°12′的位置，广阔的三月平原（March Plain）处于其东北和东面，城市东南环绕多瑙河草原国家森林公园，西北、西、南是最负盛名的维也纳森林，西南方向则是狭长的走廊地带，盛产葡萄。多瑙河穿城而过，为该城市增添了更多的韵味与动感。维也纳城市最初处于多瑙河南岸，随着城市用地的扩展以及东欧交流的日趋频繁，城市目前已越过多瑙河向北扩展。

维也纳不仅是奥地利的首都，是其政治、经济、文化中心，还是多个世界性组织的所在地，例如联合国难民署、联合国议会、欧洲安全与合作组织、国际原子能机构等等。这些新的机构驻地建筑多分布于多瑙河北岸。除此之外，由于其具有1800多年的城市建设史，因此其在建筑艺术上亦具有重要地位，整个城市依山顺势而建，新旧交错；希腊古典建筑、巴洛克式建筑、哥特式建筑和罗马式建筑比比皆是，因此维也纳也享有"建筑博览会"之盛誉。然而，所有这一切，均不足以与维也纳的"世界音乐之都"这一享誉全球的殊荣相媲美。

维也纳能够成为"世界音乐之都"首先得益于在历史上维也纳的统治者对于音乐的长期热衷与支持。维也纳最初只是罗马帝国用来防御日耳曼人入侵的一个前哨站，到1世纪左右罗马人在此建立了城堡；12世纪逐步发展成为地区手工业和商业中心；13世纪成为哈布斯堡（Hapsburg）王朝的首都。随后维也纳进入快速发展时期，特别是在18世纪玛丽亚·铁列西亚（Maria Theresa）母子当政时期，通过一系列的社会改革和政策革新，将原仅仅限于皇家庭院举办的音乐会、歌剧等，传播到一般城市居民之中，进行社会共享，使得音乐、歌剧等艺术元素在维也纳大范围普及和传播（Janiketal，1973）。事实上，维也纳对于音乐的推崇可以追溯到罗马时期。13世纪，罗马皇帝艾伯特一世（Albert I）从全国召集了一大批乐器师集聚维也纳，并称之为皇家乐师。到15世纪哈布斯堡王朝的皇帝马克西连一世（Maximilian I）修建了皇家庭院、教堂，供歌剧与音乐演出。到17世纪，城市街道的夜晚随处都能听到各种优美的乐声。在随后长达一个多世纪里，诸多奥地利皇帝在多个方面均对音乐的发展给予了巨大的支持。例如建立音乐研究院，吸引最具才华的音乐教师，为皇家乐师提供最优待遇，引进歌剧和最负盛名的歌唱家等等。而该时期，诸多贵族亦对音乐和歌剧投入极大热情，建立音乐演出场所，给予资金支持等。在此时期，甚至是教堂也被用作音乐、歌剧的创作与演出之所（Craf，1945）。

与皇家和贵族大力提倡与热衷音乐相对应，是城市各类歌剧、音乐演出场所的大规模建设。在玛丽亚·铁列西亚（Maria Theresa）之前，音乐、歌剧等高雅艺术主要在宫殿演出，供王公贵族品味。在其之后，她开始实施新的政策，将音乐搬出皇宫，进入剧院，进入市民之中。为此将圣米歇尔广场（Michaeler Plazz）边上废弃的霍夫包豪斯（Hofballhaus）建筑改作了伯格剧院（Burgtheater）。随后一系列剧院建立，到19世纪初，富于盛名的维也纳剧院已达到五个之多：市中心有伯格剧院、莱昂普多斯特德剧院（Leopoldstadt）和乔斯福斯特德剧院（Josefstadt）。到1867年，最负盛名的维也纳金色大厅开始动工，历时两年建成，随后成为维也纳最为隆重的音乐演出之所。金色大厅实际上是维也纳音乐协会大楼的一部分，其不仅包括金色大厅，还包括勃拉姆斯（Brahms）厅和莫扎特（Mozart）厅等演出大厅，以及协会办公室等。而每年新年音乐会则在金色大厅举行，其建筑风姿和演奏现场则通过电视转播传遍全球。

维也纳的音乐盛誉除了与其城市建设相关联外，最为重要的还在于其拥有一大批世界级音乐大师。这些音乐大师既有生于维也纳的，也有被维也纳的音乐演出与创作氛围吸引而来的。实际上，维也纳音乐发展的黄金时期大约自1780年开始，历时130年到1910年结束。而根据名人巨擘的创作风格和专攻领域不同，以及城市发展政策的变化，在此期间实际上包含两个时期。第一时期（1789—1830）属于纯粹的音乐黄金时代，以海顿（Haydn）莫扎特（Mozart）、贝多芬（Beethoven）、舒伯特（Schubert）为其象征。第二时期（1890—1910）与第一时期不同的是，除了在音乐上的巨大成就，其还在文学、哲学、社会科学以及视觉艺术上取得了巨大成就，以马勒（Mahler）、舍恩伯格（Schoenberg）、弗洛伊德（Freud）、施尼茨勒（Schnitzler）、克劳斯（Kraus）、霍夫曼斯塔尔（Von Hofmannsthal）、维特根斯坦（Wittgenstein）、奥拓·瓦格纳（Otto Wagner）、洛欧斯（Loos）、克里姆特（Klimt）、科科施卡（Kokoschka）等人为代表（Hall，1998）。与这些名人巨擘相对应的，是维也纳街头、公园、寓所到处可见的雕塑，这些雕塑不仅显示了维也纳的爱乐精神，亦显示了其作为"世界音乐之都"所拥有的伟大财富。而在维也纳，还能够见到这些巨人逝世后的停息与休憩之所。

为什么在如此短暂的时期之内，会产生如此之多具有世界影响力的音乐大师？如霍尔（Hall，1998）所言：其秘密不在于别的，其存在于维也纳这座城市本身，存在于维也纳的城市建筑、维也纳的城市居民以及维也纳的独特社会风气。

维也纳人对音乐给予的热情是一般城市难以想象的。在音乐发展的黄金时期，无论是贵族还是新兴的中产阶级，都对音乐充满兴趣，并不是袖手旁观，而是亲自上演，包括皇帝本人，有些甚至是虔诚的音乐人。音乐沙龙文化将音乐爱好者和职业音乐人集聚在一起，讨论、分享、品评最新作品和感受。城市居民的巨大热情，也使得往日仅仅局限于宫廷、剧院的所谓"高雅"音乐，难以满足市民的需要。由此，自娱自乐的大众舞蹈配以轻快的音乐的华尔兹（Waltz）舞蹈在此地诞生，并经久不衰。到如今，爱好音乐这一传统在维也纳依然保存。例如在维也纳的夏天，随处可见露天音乐会。而每家每户团圆欢聚时，总是会选择演奏古典音乐以示庆祝。而在维也纳的城市徘徊，优雅的华尔兹舞曲随时将你陶醉。而最富世界声誉的维也纳新年音乐会则向世界发出一个信号：维也纳人对音乐的一如既往的热情，以及对于高端水准音乐的痴求。

因此，维也纳人的音乐艺术成就达到了如此高度，应该归因于音乐已经成为维也纳人生活兴趣的重要组成部分。对维也纳人来说，他们可以容忍在政治、权力以及道德上的粗心，但绝对难以容忍对审美的忽视。对维也纳人而言，在生活中占主导地位的不是军事、不是政治、不是商业。当每天早晨翻开报纸时，他们首先关注的不是议会发生了什么事，也不是世界政治新动向，而是剧院即将上演的节目，这已经融入他们的日常生活，其痴迷程度任何其他城市都难以企及。

二 大众化娱乐主导型

大众化娱乐主导型即以大众文化产品生产和消费为主要文化特征的城市。大众文化相对于高雅艺术而言，指一般市民所乐于消费、参与的文化种类，例如电影文化、动漫文化、报刊文化、电视文化、饮食文化、服饰文化、旅游文化等。典型代表有以电影文化为主导的洛杉矶的好莱坞（Hollywood）、以博彩为特色的拉斯维加斯（Las Vegas）、以赛车为主的摩纳哥（Monaco）等。

代表案例：世界电影工业之都——洛杉矶的好莱坞

洛杉矶位于美国加利福尼亚的西南，是美国第二大城市，人口达到 1300 万左右，仅次于纽约。洛杉矶西临太平洋，其他三面环山。而临近市区的山脉海拔均较低，最高不过 400 米。因此，整个城市拥有开阔的视野和丰富的自然景观。实际上城市建成区内总体地势平坦，局部有丘陵分布，平均海拔约 85 米。这些丘陵经过局部建设改造，成为城市重要的绿色景观和休憩之地。

好莱坞（Hollywood）则位于洛杉矶市区西北，北面紧靠坡度平缓的连绵小山，其闹市区距离东南面的洛杉矶市中心大约 9 公里的距离。好莱坞城市发展十分短暂。在 19 世纪中期，该地方依然是万分荒凉，人烟稀少。到 19 世纪 70 年代，农业在该地方逐渐发展起来，大地景观以农田基质为主。好莱坞原为无名之地，据记载其取名为好莱坞源于地产商韦尔考克斯（Horace Henderson Wilcox）及其妻子的主意。韦尔考克斯是一位来自堪萨斯（Kansas）的禁酒主义者，1883 年其在洛杉矶西北郊区购置了一部分地产，并根据其妻子的想法将其命名为好莱坞。这一名字根据韦尔考克斯夫妇的一位朋友在芝加哥郊区拥有的避暑别墅的名字而来。Hollywood 按照字面理解是冬青树的林子，然而此地并没有种植大面积的冬青树林，韦尔考克斯夫妇曾试图在该地种植该树种，但由于气候原因难以存活。

在韦尔考克斯夫妇之后，陆续有一批同为禁酒主义者来此地定居，并为周边城市种植水果和蔬菜。到 1903 年该地仅仅有 700人左右的居民，这些居民都居于紧邻圣莫尼卡山脉（Santa Monica

Mountains）的山脚，居所多为两层的房子。同年由于饮水困难问题，其被晋升为市，到 1909 年，该地居民达到了 4000 人。但不久以后由于依然担心饮水不足，1910 年市民通过投票一致赞成将好莱坞并入洛杉矶大都市。但由于距离洛杉矶市区 10 公里以上，交通十分便利。此后电影制作人在此地活动才逐渐频繁，20 世纪 20 年代开始盛行，到 20 世纪 30 年代达到高峰，到第一次世界大战结束，其已经走向成熟，并奠定了其世界电影之都的地位。因此可以说，好莱坞从名不见经传，到成为世界电影之都，前后所用时间不超过半个世纪。到如今，在全球传媒和网络的支持下，好莱坞在电影工业上的地位更加稳固，其明星制度、生产模式、奥斯卡电影奖制度、商业电影产品质量和数量，在全球范围内具有深刻影响。

好莱坞为何在如此短暂的时间之内成为电影工业发展的集聚之地？通常的解释是该地具有充足的阳光。但实际上这不足以解释为何电影工业仅仅在洛杉矶集聚而不是在旧金山（San Francisco）、佛罗里达州（Florida）等地。总结多方面看法，好莱坞在 20 世纪 20 年代成为电影制作人的新宠，是多个因素综合的结果，主要包括三个方面：

首先是良好的气候条件和自然环境。好莱坞处于开阔的大盆地之中，气候温和，全年有晴天日子高达 350 天。这为电影拍摄所需要的良好光线提供了绝佳条件。过去在东部地区进行电影制作，通常由于阴雨天气造成影片质量不能令人满意，经常会使制作过程受到影响而不得不延迟最终作品的生成。在好莱坞完全不存在这个问题。一个简单的木质平台，加上帆布撑起来并在平台上安置滚轮用以控制阳光获取的装置，即可以形成良好的工作室。而在一战期间，用于电能的煤炭显得紧张，因此电影制作需要的强光灯难以毫无约束地使用，这使得洛杉矶的阳光资源显得更加重要。除此以外，好莱坞视野开阔，拥有多样性外景条件，如洛杉矶繁华的都市，广阔的盆地与丘陵视野，紧邻的连绵山脉等，都利于电影业的取景需要。

其次是利于避开诸多商业规则约束和电影行业的专利垄断。在19世纪，美国商业贸易和工业生产上形成了市场垄断和生产垄断等不利于贸易的规则，这些规则在纽约这种大都市特别明显，因从事电影制作的许多中小企业人对此万分不满，急需寻找一片自由而公平的发展空间。洛杉矶地处西部，距离业已成熟的金融寡头大亨所控制的垄断网络较远。在威廉·塞利格（Willian Selig）迁入好莱坞后，好莱坞的优越性在业内迅速扩展。那些不满于东部诸多垄断寡头的企业，纷纷迁入好莱坞。除此以外，洛杉矶与墨西哥距离非常近。一旦有所谓的稽查部队前来巡查，在街道口一个手势则足以让正在进行电影拍摄的所有人员迅速停止手头工作，将道具塞进早已准备好的车上，转移阵地。如果需要则可以迅速越境进入墨西哥，从而脱离山姆大叔（Uncle Sam）的监管。

最后，也是最为重要的一条是该地区的社会易融入性较高。在最初，该地社会结构简单，可融入性较高。不像东部许多大都市，这里没有所谓的贵族独占一方，也没有那些繁杂的条条框框用来限制电影人，特别是犹太人的入驻。虽然当地居民对这些人有一定抵制，曾写：房子出租，不欢迎狗和演员（Rooms for rent—No dogs or actors allowed）。但这不足以形成巨大抵制力量（Gabler，1988）。由此，好莱坞自一开始便形成了复杂的人口构成，显示了巨大的多样性。据统计，在20世纪20—30年代的好莱坞的黄金发展时期，从总人口抽查出21.8%的样本，其中有28.7%的导演、25.3%的演员以及17.4%的电影生产商均来自于海外其他国家和地区。

在好莱坞的发展过程中，还形成了两个重要的电影工业组织特色。首先是按照汽车工业的组织模式，将电影剧本编辑、生产和分销组织到一个庞大的生产链条上，这大大提升了电影生产的效率。其二是该时期的电影制造商与电影观众实际上在电影题材上具有相同的兴趣爱好。深谙观众心理的电影制造商对电影市场潜力十分了解，为了迎合大众口味，他们可以在电影里面加入噱头、色情、低俗生活等等内容。但另一方面他们也具有自我护卫的艺术和审美的傲气，也不甘于被当做只会赚钱的俗人。因此，他们本身就是充满了矛盾，在金钱与审美之间徘徊，在迎合大众与自我实现中徘徊。然而，无论怎么说，他们这一特色与该时期的电影发展实现了完美的结合。

到目前，好莱坞人口已经超过了350万，其规模已今非昔比，其影响力也不仅仅局限于美国而是整个世界。到目前好莱坞云集了大量的世界知名电影制造商。由于好莱坞电影产品的大规模输出，使得这些名字在世界范围内的观众眼前频繁出现，例如20世纪福克斯公司（20th Century Fox），派拉蒙影业公司（Paramount Pictures，Inc.）、米高梅电影公司（Metro Goldwyn Mayer，简称MGM）、华纳兄弟公司（Warner Brothers）、环球公司（Universal)、迪斯尼（The Walt Disney Company）、哥伦比亚影业公司（Columbia Pictures）等。而此地，也留下了世界顶级导演的足迹，例如史蒂芬·斯皮尔伯格（Steven Spielberg）、吕克·贝松（Luc Besson）、彼得·杰克逊（Peter Jackson）、乔治·卢卡斯（George Lucas）等。在好莱坞执掌导演角色，上演具世界影响力的电影大片几乎成为电影导演的最大梦想之一。世界著名演员在此地更是不计其数，如丹泽尔·华盛顿（Denzel Washington）、汤姆·汉克斯（Tom Hanks）、汤姆·克鲁斯（Tom Cruise）、阿谦德·施瓦辛格（Arnold Schwarzenegger）、西尔维斯特·恩奇奥·史泰龙（Michael Sylvester Gardenzio Stallone）、布拉德·皮特（Brad Pitt）、威尔·史密斯（Will Smith）、莎朗·斯通（Sharon Stone）、莱昂纳多（Leonardo）、成龙（Jackie Chan）等。而在世界范围内经久不衰的好莱坞电影更是比比皆是，例如《教父》（*God Father*）系列、《终结者》（*Terminator*）系列、《沉默的羔羊》（*Silence Of The Lambs*）、《泰坦尼克号》（*Titanic*）、《魔戒》（*The Lord of the King*）系列、《黑客帝国》（*The Matrix*）系列、《哈利·波特》（*Harry Potter*）系列、《阿凡达》（*Avatar*）、《侏罗纪公园》（*Jurassic Park*）系列、《星球大战》（*Star Wars*）系列、《速度与激情》（*Fast & Furious*）系列、《冰雪奇缘》（*Frozen*）、《荒野猎人》（*The Revenant*）等。

对好莱坞而言，其借助电影工业的发展，通过娱乐活动、城市风格塑造等手段将电影与城市本身紧紧融合在一起。通过媒介宣传和电影文化渗透，好莱坞电影发展状态被描述成为世界电影业发展的风向标，而好莱坞本身也成了电影业的代名词，城市形象鲜明，产业地位突出。

首先是好莱坞的奥斯卡金像奖。首届奥斯卡（Oscar）颁奖典礼在 1929 年举办，其目的是纪念在 1927 到 1928 年间取得的巨大电影成就。实际上"奥斯卡金像奖"全称为"电影艺术与科学学院奖（Academy Award）"，其由在 1927 年成立于好莱坞的"电影艺术与科学学院（Academy of motion picture Arts and Sciences）"赞助和支持，旨在鼓励在电影事业中的优秀电影工作者和表彰他们的卓越成就。奥斯卡的奖杯是一个非常平常的镀金男像，不过其代表的电影成就和价值对于从事电影事业的人来说是梦寐以求的。奥斯卡金像奖虽然不可避免地与时代政治有一定关联，也同商业运作复杂地缔结在一起，但其并没有在电影艺术上放低评价标准，其历经 80 多年的历史，成为电影界最具权威和影响力的奖项之一，其对世界范围内各国电影业的发展具有重要影响。可以认为，借助奥斯卡金像奖的巨大的影响力，好莱坞实现了城市形象的全球营销。第一种营销模式是通过电影界的名流大腕的传播。奥斯卡金像奖一年一次，每次举办地点均在好莱坞或洛杉矶，典礼参与人数也从最初的 200 多人变成今天的上千人，参与者多为在世界范围内享有盛誉的导演、演员明星等。这些人物来自世界各地，因此其在社会活动过程中也将在好莱坞所获得的城市感知传播到世界各国，并由于明星效应使得这一传播更加有效。第二种模式是通过电视传媒和网络的传播。奥斯卡典礼通常都会有对应的现场电视转播，这为电影爱好者提供了获取有关好莱坞电影发展状态以及一睹巨星风采或服装潮流等提供了媒介。特别是到 20 世纪 90 年代后，全球化深化和网络空间的全球链接，使得受众以万计急剧累增，由此使得这一传播路径更具广泛性。

其次是好莱坞的星光大道（Hollywood Walk of Fame）这一做法。实际上在好莱坞建设星光大道这一创意最初之目的是提升城市形象。20世纪50年代，好莱坞市政府为了促进城市知名度，邀请当时南加州（Southern California）的知名艺术家奥立佛·威斯慕拉（Oliver Weismuller）为好莱坞策划主意。后来威斯慕拉决定将好莱坞电影工业这一特殊产业与城市结合起来，其途径就是修建星光大道。星光大道始建于1958年，为好莱坞大道（Hollywood Boulevard）和藤街（Vine Street）组成的十字交叉形。星光大道沿着好莱坞大道东起高尔街（Gower Street），西止于拉布雷亚大道（La Brea Avenue）；沿着藤街南始于日落大道（Sunset Boulevard），往北止于丝兰街（Yucca Street）。1978年星光大道被洛杉矶市界定为好莱坞的文化历史地标。好莱坞星光大道是条沿着美国好莱坞大道与藤街伸展的人行道，星光大道建设之初共计有2500颗空白星形，到2015年止已有2550多颗星被授予给对影视工业具有卓越贡献的电影工作者。每个星形奖章由粉红色的五角星水磨石制成，其上方是受奖人的名字，用青铜铸成镶嵌其上。星星中央是圆形青铜铸成的标记，表示受奖者做出贡献的主要领域。标记分为五种，分别是：广播麦克风表示广播事业；留声机唱片表示唱片产业；悲喜剧面具表示现场喜剧；电视机表示电视产业；电影摄影机表示电影产业。通常情况下，星形奖章的颁奖典礼在好莱坞公开举办，并由好莱坞当时的荣誉市长主持。通过这一途径，好莱坞将电影业发展的轨迹和城市建设巧妙地结合起来，星光大道实际上成了好莱坞电影发展的形象历史，时刻提醒旅游者和市民好莱坞所取得的电影成就。而多数情况下，追星族也热衷于在星光大道找寻他们所敬仰和欣赏的影视巨星。

第三是好莱坞的城市影院或剧院建筑。据统计，在好莱坞电影发展的黄金时期，仅在1914—1922年间，好莱坞建成的新剧院就高达4000座以上（Hampton，1931）。经过几十年的发展，虽然有些剧院、影院由于规模、质量等原因衰败和拆除，但目前在好莱坞依然到处可见各类与影视、音乐有关的建筑。例如于1922年依山而建，处于好莱坞北面的好莱坞野外剧场（Hollywood Bowl），该建筑造型酷似倒扣的碗而得名。其曾经是甲壳虫乐队（Beatles）来好莱坞的演出之地，如今也是歌剧、戏剧以及音乐会频频上演之地。再如1927年开幕的中国戏院（Chinese Theatre），其以明显的中国建筑元素混杂的建筑外表而得名。戏院门前是影视巨星们留下的足迹或手印模型，甚至包括虚拟形象唐老鸭的脚掌模型。另外，最富特色的是好莱坞山顶上的巨型Hollywood标志牌，虽然称不上美观，但是依然独树一帜。最后，是城市街道随处可见的电影形象雕塑、电影海报以及各类与电影有关的街道小品，电影之都的氛围弥漫包裹，应接不暇。

第四是与名流相匹配的好莱坞高端消费。实际上好莱坞缔造了世界影视巨星，也缔造了与之相匹配的高端消费。影视巨星具有相当高的收入，例如《福布斯杂志》公布了2016年度好莱坞明星收入榜，其中收入处于前五的依次为：6450万美元的道恩·强森（Dwayne Johnson）、6100万美元的成龙（Jackie Chan）、

5500 万美元的马特·达蒙（Matt Damon）、5300 万美元的汤姆·克鲁斯（Tom Cruise）、4800 万美元的约翰尼·德普（Johnny Depp）。对于这些高端收入人群必须有相应的消费场所与之匹配。好莱坞高端消费场所甚多。例如日落台（Sunset Street）商业街上的各种高档酒店、咖啡馆、时装店等。与此高端消费相对应的，还有一个好莱坞顶级品牌俱乐部（Holly - wood Super Band Club），它是一个世界性质的顶级品牌爱好者组织，专门倾心于各种全球奢侈品牌，例如珠宝品牌绰美（Chaumet）；汽车品牌法拉利（Ferrari）、兰博基尼（Lamborghini）；服装品牌香奈儿（Channel）、爱马仕（Hermes）等等。

总体而言，在洛杉矶，人们总是抱着一种信仰，相信通过相互协同配合，无论是在私人领域还是在公共领域，都能使得看起来不可能的事情变得可能。在这里总是充满了乐观情绪，充满了发明创造的冲动，如果你有才华你可以尽情发挥，不论国界。因此，电影业和飞机制造业在洛杉矶的发展与成长，绝不是一件偶然的事情。聚居于洛杉矶的社会各层，无论是对城市，还是对工业，抑或是文化，均不留恋和拘泥于陈旧老套的思想和概念，这就是为什么洛杉矶能够吸纳外界各种新的产业和思想，并将其深深扎根于本地的秘密所在。而这个，也正是洛杉矶获得繁荣，实现创新的本质之所在。

三 精英商务主导型

精英商务主导型文化城市的产生条件源于全球化引起的新国际地域分工、全球性问题的日益增多、全球金融市场的高端关联等。该类文化城市一般具有优美的自然环境，以高端会议、金融结算处理以及国际财团聚集为基本特征。典型代表为苏黎世（Zurich）、达沃斯（Davos）、日内瓦（Geneva）等。

代表案例：苏黎世——宜人的金融中心

苏黎世（Zurich）处于瑞士东北部的苏黎世州，位于阿尔卑斯山脉（Alpes）北面，是从法国到东欧、意大利到德国的交通要塞。苏黎世是瑞士联邦最大的城市，其人口约39万，包含郊区人口则超过146万（2015年）。苏黎世具有2000多年的城市建设史。在罗马帝国早期（约公元前1世纪），贯穿苏黎世市区的利马特河（Limmat River）是向罗马帝国运输货物的重要水利商道，因此苏黎世也就成为罗马帝国的一个重要的收税关卡（该时期苏黎世被称为Turicum）。到1218年，苏黎世则成为神圣罗马帝国的一个自由域。后在1351年被瑞士联邦接纳成为第五个州。1440年却由于与临近州的土地纷争而发生战争，由此瑞士联邦不再承认其附属地位。1446年战败后经过协商重新回到瑞士联邦。

苏黎世作为瑞士主要的商业和文化中心，其享有的最大声誉是其代表的最信赖的银行服务。苏黎世不仅是瑞士最大的金融中心，也是欧洲重要的金融中心。据估计，这里的银行数量达到120家以上，其中外国银行则高达70家以上。加上银行的一些分支机构，其数量达到350家以上。苏黎世的黄金交易市场在欧洲具有举足轻重的地位，在60年代其黄金市场规模仅次于伦敦，位居欧洲第二，如今虽然稍有下降，但依然保持领先地位。与这些配套的是强大的证券交易活动和交易服务系统。苏黎世证券交易所建于1876年，长久以来影响力未减，证券交易额在欧洲首屈一指。据统计，在高峰时期欧洲证券交易额 70% 以上均在此地开展。而支持这一切的是目前世界上唯一的具有全自动交易和清算系统的交易平台，其不仅具有高端的设备支持，还具有顶级金融人才支撑。为什么在苏黎世这样一个规模不算大的欧洲城市，能够实现具有世界影响力的高端金融服务？最重要的是依赖于瑞士人出色的责任制度和银行业务的高保密信誉。瑞士的银行体系是由州立银行（Cantonal banks）、大银行（Big banks），地方和储蓄银行（Regional banks&savings banks）、信用合作银行（Raiffeisen banks）以及外资银行在内的其他银行构成。然而，经过 1993 年的瑞士信贷银行与民族银行的合并以及 1997 年的瑞士联合银行与瑞士银行公司的合并以后，瑞士银行产业主要包括两大集团，即瑞士联合银行（UBS，即 United Bank of Switzerland）集团以及瑞士信贷集团（Credit Suisse Group）。而其支柱银行则是瑞士联合银行集团（United Bank of Switzerland）。瑞士联合银行的成功除了得益于银行在市场选择、业务取舍、风险管理方面的远见之外，还得益于其重要的企业文化和信誉。瑞士人秉承信誉这一原则始终不变，对于任何在瑞士开设账户的都按照实名制，要求客户澄清资金来源，保证客户身份和经济合法性，并对这些资料绝对保密。基于其高度可信的信誉，瑞士银行被认为是全球最令人信赖的银行，瑞士银行的在岸（on‑shore）金融市场总计超过 1 万亿欧元，其离岸（Off‑shore）金融市场资产超过 2 万亿欧元，约占全球离岸货币的 1/3。因此，世界名流、政要、商界大腕等都选择将其巨资存放到瑞士银行这进一步增强了瑞士银行的信誉和影响力。

除此以外，苏黎世还被公认为是世界最佳居住城市之一。这首先得益于其宜人的自然环境。苏黎世全年气候湿润宜人，年平均气温8.6℃。城市建成区周围环绕断断续续的低矮山丘，配合城市大面积绿化，使得城市清新宜人。而利马特河则蜿蜒曲折，由西北向东南穿城而过，在东南方向与城市边上的苏黎世湖相交汇。苏黎世湖呈新月形，由西北向东南方向延展，约29公里，面积达到88平方公里，河面宽度变化有致，从1公里到4公里不等。湖岸是连绵的葡萄园和果园，周围有住宅区，中间夹杂大面积绿地。因此，山水交相辉映，使得该地既清新又灵动。其次是苏黎世展现了浓厚的文化氛围。苏黎世拥有丰富的古建筑艺术。例如典型文艺复兴时期建筑风格的市政厅，利马特河边的哥特式教堂，建于11世纪的罗马式大教堂等等。博物馆、图书馆、画廊比比皆是，据估计博物馆和图书馆均达到20个以上，画廊则有100多家。而最负盛名的苏黎世联邦理工学院则诞生了包括爱因斯坦等诸多诺贝尔奖获得者，同时该校的诸多毕业生也是瑞士重要的政界、商界、学界名流。另外，苏黎世还习惯性地举办具有地方特色的活动，例如每年4月份在苏黎世湖畔举办的苏黎世六鸣节，寓意送走冬天迎来春天。再如11月份的葡萄酒节，在苏黎世湖上泛舟，并免费品尝来自世界各地的葡萄酒。又如12月份的传统曲目：由16000多人参加的苏黎世除夕赛跑体育运动、在马特利河上举办的"放流浮灯"并免费品尝当地果汁甜品等。

最后，苏黎世可以说代表了一种和平共处之思想，这是其又一重要特征。实际上整个瑞士联邦均是奉行和平主义。瑞士联邦在国际外交政策上一直奉行中立政策，目前其仅加入了联合国这一世界范围内最大的政治组织。瑞士是联邦制国家，按照瑞士自己人的看法：瑞士是由一些不愿做法国人的法兰西人、不愿意做意大利人的意大利人以及不愿意做德国人的德意志人组合到一起形成的。因此，瑞士联邦信奉自由和个人权利。苏黎世作为瑞士最大的城市，亦不例外。更重要的是，苏黎世是达达主义的发源地。虽然达达主义倾向于无政府主义，认为破坏就是创造，主张虚无。但是它也在另外一个方面是对生活真实的追求，对艺术真实的探索，对资本主义价值观的反思，也是对战争的一种反抗。因此说，这一精神也在某种程度上可以看做是瑞士人坚持中立，主张和平的内在缘由。

四 高端技术主导型

高端技术主导型则是以高端技术为城市立足之本，通常表现为世界范围内各种掌握高端技术的人才集聚之地，城市建设历史并不悠久，具有现代和后现代的城市风格。典型代表为美国旧金山东南的硅谷（Silicon Valley）。

代表案例：美国硅谷——高端技术集聚地

严格来说，硅谷（Silicon Valley）并不是一个完整意义上的城市，而是一个广泛意义上的城市地区。硅谷这一名词最初由美国记者唐·霍伊夫勒（Don Hoefler）于1971年提出，并在其主编的《微电子通讯》上对硅谷的发展做了大量论述。硅谷是一条40英里×10英里的狭长地带，起于旧金山湾南端的门罗公园，沿着101公路经过帕拉托、山景城、桑尼维尔，到达硅谷的中心圣克拉拉然后一路往南，包括坎贝尔（Campbell）与圣何塞。硅谷这一名字形象地描述了该地区的自然状态与产业状态。"硅"是该地最初快速崛起所依靠的高端技术产业所需的原材料，而"谷"即该地区处于圣克拉拉谷地，左右为海拔 900 米的连绵山脉所包围。

1950 年，硅谷地区总人口（包括如今的硅谷所辖范围）达到 9 万人，但该地区还是一片果园，产业主要是农产品加工和罐装食品生产，总工作人数亦不过 800 人。20 世纪 50 年代早期起，该地区陆续有部分新的从事电子产品生产研究的企业入驻，到 20 世纪 70 年代该地区则开始被称为硅谷，半导体电子产品生产已初具影响，人口亦进入快速增长阶段。1970 年该地区人口约 46 万，到 20 世纪 80 年代，该地区已发展成为美国第九大的制造业城市，每年提供新工作岗位 4 万个，拥有博士学历的人数则超过 6000 人，其水平居于美国第一位。而电子生产企业达到了 2700 多个，与之对应的服务行业，如市场营销、广告、公关、咨询、猎头、R&D、培训、管理、设计、风险投资等则达到 3000 多户。另外再加上其他科技企业 2000 多个。不过该时期许多电子产品公司规模都十分小，例如 70% 的企业员工人数少于 10 个，85% 的企业员工人数少于 50 个。

到 2015 年 5 月，硅谷地区人口首次突破 300 万，其几乎成了电子产品生产革新和电脑技术的代名词，世界最负盛名的诸多高科技研发集团总部均集聚于此，如此 Apple、Adobe、Google、AMD、Cisco System、Intel、Yahoo、HP、NVIDIA、Oracle、Symantec、Maxtor、Facebook 等。此地也成为世界顶级技术人才的向往之地，各类文化背景的技术人才相互交汇。尽管该地区人口构成复杂，但是该地区却保持了公共安全处于美国前四的位置。

旧金山市是美国西部的金融中心，由于其具有相对悠久的城市建设史，城市功能完备，古典建筑与现代建筑混杂，传统文化艺术氛围较浓。然而，如上所述，与之形成对比的是硅谷地区在自然环境上亦难以与苏黎世相媲美，而城市古典韵味上也难以与旧金山市区相比较，更不用说与维也纳、罗马等地相比。此外，此地自然气候亦不十分如意，夏季多雾，天气变化频繁，而冬天也比较潮湿。虽然具有这些不足，但是硅谷依然成为世界范围内高科技、特别是信息技术领域的一面旗帜，而硅谷也因此成为世界范围内享有盛誉、并获得了城市发展的巨大成功。根据其发展历程和历史状态，硅谷的成功应归因与四个方面。

首先是城市决策层对于机会的把握能力，如果在1920—1930年，旧金山商会不积极争取将海军基地建设项目落户到旧金山湾，则硅谷是否能够得到如此巨大发展将成为疑问。在20世纪20年代，美国意识到西海岸对于美国控制太平洋安全的重要作用，并决定在西海岸建立三个"战略中心"。最初选中的三个基地分别是普吉特海湾、旧金山海湾和洛杉矶—圣地亚哥。与此同时，旧金山商会亦展开相关活动，希望海军飞行研究基地委员会将基地设于桑尼维尔。然而三年后的决议结果是将基地建于圣地亚哥附近的坎普利。面对这一结果，旧金山的中级商会和高级商会共同联手，经过艰难磋商，终于说服委员会将基地建于桑尼维尔。为此，高级商会花了100万美元购置了1000英亩的土地作为基地所需的土地之用，从而保证了该基地最终落户于此。除此之外，同样的运动也使得另外两个新基地，即汉密尔顿空军基地和海军飞行基地建在阿拉梅达，这样整个旧金山海湾成了一个大型的完整军事基地。基地的建设一方面带来了大规模的人口，使得该地消费规模大大增加。另一方面也带来了从事军事高科技研究的人才队伍，为本地高科技产业发展奠定了基础。而美国宣布加入二战时，这一效果更加明显。到 1941 年，仅仅部队人数就达到 20000 之多，而与之匹配的相关配套设施与产业发展也是相当可观的。战争使得大批人口涌入，从而满足于军工产业生产。原地方产业亦与军事基地相互结合，为战争进行生产。同时，为了支持战争，该地也获得了大批的联邦政府资金投入，战争所需的电子产业、信息产业开始快速膨胀。20 世纪 50 年代冷战开始，美国与苏联的军备竞赛使得高端军工产品更加重要，由此作为庞大军事基地的旧金山地区受到源源不断的生产订单；这使得该地不仅产品数量有所增长，产品科技含量以及高端技术研究队伍也日趋膨胀。

第二个重要的方面是政府对高端技术产业的支持。在 1958 年到 1974 年这一关键的发展时期，联邦政府各级部门对旧金山湾注入了巨额资金，特别是在 R&D 方面，据估计其投资总额达到 9300 万美元，几乎接近该地所有公司自己所投入的总资金 1.2 亿美元，这些公司大多从事航天、侦查、军舰、飞机等所需的电子部件以及信息、通信设备与技术的研究，使得该地区高新技术发展无论是在硬件设备还是人才队伍上均打下了坚实基础。到 60 年代末 70 年代初，军事投资开始减弱，但此时硅谷条件已经成熟，开始步入高速发展阶段。70 年代末期，联邦政府在圣何塞还建立了 SEMATECH、国家科学基金会工程研究中心、国家标准和技术研究所先进技术计划等机构，作为联邦政府实验室的科研成果产业化的中介，其中 SEMATECH 是关于微电子技术的。80 年代后，冷战开始降温，军工带动作用下降，联邦政府资助角色开始下降，而地方政府角色日趋次要。1981 年，加州立法机构制定了价值 2200 万美元的旨在保护和鼓励微电子业发展的计划。面对失业等问题，加州政府从 1980 年开始，每年划拨 54500 万美元作为实业工人和在职工人的培训经费。1993 年后，加州又陆续成立了国防技术专业委员会等机构，致力于将国防技术转为民用。而圣何塞市政府曾一方面为公司提供贷款担保，保证资金到位，另一方面还保护该地区占很大成分的中小企业，对其实行税收优惠等。

与政府支持相对应的是大学及相关研究机构与生产系统的紧密结合。硅谷内的著名大学包括斯坦福大学、卡内基梅隆大学西海岸校区、圣克拉拉大学等等。在这些大学中，对硅谷发展起着至关重要作用的是斯坦福大学。1885 年，加州铁路大王利兰斯坦福夫妇为了纪念其因病早夭的儿子，将 8000 多英亩的农场用地捐出并修建斯坦福大学。1950 年斯坦福大学依然是默默无闻。而时任工程学院院长的特曼提出"斯坦福研究园区"计划，则将斯坦福大学从默默无闻中带向了辉煌。8000 多英亩的土地，远远超过了一个大学所需空间。为此，1951 年特曼提议将校园 1000 英亩的土地开辟为工业园并付诸实施。以象征性的低廉租用价格将其租给毕业校友和工商业界的企业家创立公司，与这些公司开展研究合作和教学合作，建立教学实习基地。在该时期这是一个全新的创举。由于此时军工产业发展的带动，许多企业家的资金日趋丰富，这进一步促进了斯坦福大学教学团队的提升以及教学研究设备的更新，从而使得研究更加趋向于高效和尖端。在这一条件下，硅谷逐渐繁荣，并对许多乐于探索新领域和接受新挑战的技术人才产生吸引。而此时期，威廉·肖克利的加盟，使得硅谷的发展进一步加速。肖克利的加入使得电子领域诸多优秀人才紧随其后。最为重要的，是他雇佣了当时最具天赋的诸如摩尔等八位年轻人。实验室取得了巨大成功，肖克利于1956年获得诺贝尔物理奖。然而好景不长，由于肖克利本人的性格原因，八位天才人物集体辞职离开，在波士顿海登·斯通投资银行的支持下，与仙童照相机器材公司取得合作，创立了仙童半导体公司。仙童公司可以说是整个硅谷发展的源头，因为其他诸多世界级公司均与其有关。例如在1967年斯波克等决定自立门户，返回圣克拉拉创立了国民半导体公司；1968年仙童公司的市场销售经理桑德斯辞职，并创立了超微科技公司；同年，摩尔、诺斯依也离开了仙童公司并创立了英特尔公司；如此等等。无论是分析上述公司的发展轨迹，还是考察后来入驻的诸如 IBM、Apple、Microsoft 等公司的经营之道，其在硅谷均继承了特曼最初的设想，即生产与研究的紧密结合，这一点既是硅谷在计算机领域引领先锋的保障，也是硅谷地区发展持续稳固的基本原因。

最后，是人才汇聚及其带来的高端技术突破。硅谷人才集聚首先源于海军基地的建设，随后是斯坦福大学对无线电技术的介入，创立了无线电工程实验室。在这一举措影响下，斯坦福大学的年轻毕业生比尔·休利特和戴维·帕卡德在1939年创立了当今世界闻名的惠普公司。而这两位年轻人正是硅谷模式缔造者特曼的学生。特曼在1951年将"斯坦福研究园区"计划付诸实施，并迅速产生影响和效果。1955年，7家公司进入研究园区，1960年则增加到32家，1970年达到70家，1980年更是达到90多家，这直接带来的人口流入则达到25万多人。

紧接特曼这一举措的是1954年肖克利加盟硅谷并成立了肖克利半导体实验室。这一行动不仅扩大了硅谷的影响，更重要的是组织了一大批信息、电子领域的青年人才。而这些天才人物后又纷纷成立公司，使得人才招揽规模进一步扩展。在硅谷模式和硅谷成就的影响感召下，IBM等老牌公司陆续领军进入，而后起之秀比尔·盖茨（Bill Gates）、史蒂夫·保罗·乔布斯（Steve Paul Jobs）等相继而来。到如今，此地已是世界信息技术高端人才云集，随之而至的还包括金融、咨询、管理等服务领域的人才。据统计，到2016年，硅谷52%以上的人口拥有大学本科及以上学历，其中研究生学历及以上人口更是达到32%，而在我国上海2015年全市常住人口中，具有大专及以上受教育程度的人口仅占21.8%。由此可见该地人才集聚程度之高。人才的集聚，使得该地技术的交流和突破获得了条件。这源于加州宽松的法律环境，使得劳动力市场的人才自由流动的阻力较小。如此一来，企业间知识技术扩散更加频繁，许多高端人才成为熟知的朋友，地方性信息交流的社会网络业已形成。由此创造了地方"创意鸣（Local Buzz）"效应。在这一环境下，诸多信息领域的新突破在此地诞生，由此催生了硅谷在信息领域的先锋地位。

五　传统工业文化主导型

传统工业文化主导型即城市以传统文化工业为城市的文化特质，强调城市工业产品的质量，培养工业企业品牌和产品品牌，以精湛工艺为基本出发点，坚持精品品牌之路。典型代表是钟表之都伯尔尼（Bern）、汽车之都沃尔夫斯堡（Wolfsburg）。

代表案例：沃尔夫斯堡——机动车世界

沃尔夫斯堡位于德国北部，隶属于下萨克森州（Lower Saxon），西距德国下萨克森州的首府汉诺威（Hannover）约 80 公里。与其西南的哥廷根（Gottingen）、布伦瑞克（Braunschweig）分别相距约 130 公里和 30 公里。此四座城市共同构成了德国北部重要的经济文化区域，被称为汉诺威—布伦瑞克—哥廷根—沃尔夫斯堡大都市区域（The Hannover – Braunschweig – Gottingen – Wolfsburg Metropolitan Region）。该地区主要以服务和机械制造为主，区域面积约为下萨克森州的 1/3，该州一半以上的人均居于此区域。

所在地地势平坦，周围被农田绿地环绕，平均海拔 60 米。城市规模较小，人口约 12. 24 万（2016 年）。阿勒尔河（Aller）自西向东穿城而过，是城市防洪排涝的重要通道。河岸以北以工业活动为主，河岸以南以居住、商业、文化活动为主。沃尔夫斯堡地区虽然在 1200 年左右就有建设活动，但发展缓慢，因此城市并没有深厚的历史文化底蕴，闻名的古建筑仅为 1300 年建于阿勒尔河畔的沃尔夫斯堡城。1930 年代末期，大众汽车公司（Volkswagen）在沃尔夫斯堡建厂并开始大规模生产汽车，这使得沃尔夫斯堡进入快速发展阶段。沃尔夫斯堡可以说是因大众汽车而崛起并闻名于世。

按照希特勒政府的意见，沃尔夫斯堡在大规模建设之前的城市定位即为汽车之城。因此，无论是在城市景观还是城市文化，抑或城市产业发展上均具有突出的汽车文化特征。

沃尔夫斯堡的城市地标是大众汽车制造车间及其十分醒目的四根高耸的红砖烟囱，该建筑为1938年按照希特勒的指令而建。如果顺着阿勒尔河自西向东进入城市，首先进入视野的是紧靠北岸的大众汽车的办公大厦，大众标志醒目地立于大楼顶部。越过此大楼继续往东是一系列低矮但体积庞大的汽车生产车间，延绵1200米。在这些生产车间的终端，则是沃尔夫斯堡的地标建筑四根巨大的红砖建成的烟囱，工业时代的符号意象明显。如果在夜间，该烟囱群在灯光渲染作用下，则显现出赤红色彩，酷似蓬勃生产中火红的炼铁熔炉。在此点上的河南岸，则是沃尔夫斯堡火车站，该火车站在第二次世界大战中具有重要意义，是运输从大众汽车公司生产车间生产的诸多军事武器部件的重要集聚地。继续往东，北岸是著名的"沃尔夫斯堡汽车城（Autostadt Wolfsburg）"。该汽车城面积约25公顷，由公园、水域、高层建筑等表现要素构成。建筑、公园小品等外部造型上均有汽车部件寓意。园内人工湖、阿勒尔河以及西面连接着阿勒尔河的拓宽水域，构成了大海风光要素。汽车城内展现了大众汽车集团的各种汽车产品及其他汽车超过1000辆。南岸则是建成于2005年的斐诺科学中心（Phaeno Science Center）。该建筑是世界著名解构主义建筑师扎哈·哈迪德（Zaha Hadid）的作品，其不仅通过解构手法通过跨河桥梁与汽车城取得融洽，而且与南端的昆斯特艺术博物馆（Kunst Museum）取得了呼应。越过汽车城继续往东，左右两岸逐步被居住小区取代。最终进入郊区，为农田环绕。

如上文所述，沃尔夫斯堡并没有维也纳、罗马等城市的悠久文化史，也没有苏黎世优美灵动的山水环境条件，其旅游资源先天性缺乏。其交通区位远不如汉诺威，资源条件也并非优越，这一切决定了其发展必须依靠大众汽车的持久繁荣。事实上，大众自其宣布成立以来，通过艰苦经营，取得了卓绝成就。目前是全球顶尖汽车生产商，也是欧洲最大的汽车制造商。这一成就成为沃尔夫斯堡繁荣的重要依托。另外，大众汽车在二战期间曾经作为纳粹德国的重要军工生产商，且是诸多战俘和集中营犯人被迫劳动的地方。为此，大众汽车在1998年成立了人道主义基金来帮助世界范围内的苦难群体，用以表达对其在二战期间强迫劳工行为的歉意。这一方面是大众汽车提升自身声誉的经营之道，另一方面也是其对历史的坦诚和对当前社会弱势群体的关怀，而这也正是沃尔夫斯堡的重要城市精神。

在沃尔夫斯堡还有一项重要内容是该城市的沃尔夫斯堡足球俱乐部（VfL Wolfsburg）。沃尔夫斯堡足球俱乐部成立于1945年。该球队自成立之初一直运气不佳，成绩平平。然而在2009年其取得了德国甲级足球联赛的冠军，从而首次进军欧洲冠军联赛，这使得该足球俱乐部名气大增。如今，沃尔夫斯堡仍是德国乃至整个欧洲足坛的一支劲旅，球队在2014—2015赛季更是同时获得德甲联赛亚军，德国杯冠军和德国超级杯冠军。由于足球活动是欧洲人最乐于参与并谈论的一项体育运动，因此沃尔夫斯堡人对代表自己城市的俱乐部喜爱有加。而该俱乐部的成功除了经营经理团队、教练团队以及球员的共同努力外,另一个重要方面应该归功于大众汽车的赞助和支持。大众汽车是沃尔夫斯堡足球俱乐部的主要赞助商,不仅提供了可靠的资金保障,也为俱乐部的发展提供了良好环境和场地,例如大众汽车在阿勒尔公园(Aller-park)附近为俱乐部修建了可容纳 30000 人的大众汽车足球场(Volkswagen Arena),并在 2002 年举行了隆重的开幕式,邀请了诸多政界名流出席,为扩展俱乐部影响力提供了良好媒介。

无论是从城市发展轨迹来看,还是考察城市的景观塑造、城市主要产业门类,沃尔夫斯堡都与大众汽车具有密切联系。就连最为大众化的足球运动亦与大众汽车相关联。因此可以说,沃尔夫斯堡是一个不折不扣的汽车之城。组织城市建设和发展的主题只有一个,那就是传统工业文化——汽车文化。

六 历史文化遗存主导型

历史文化遗存主导型主要指具有悠久的城市建设历史,保存大量的历史文化遗产。一般来说,这一类型的城市的经济影响力,在当今时代并不一定处于世界前列,但其在过去创造了辉煌的成就,并在人类文明进化中处于重要地位。其留下来的大量历史文化遗存,一方面给城市发展带来了巨大挑战,但另一方面又给城市发展文化旅游和文化产业提供了契机和基础。因此,此类城市通常表征为盛载完整的历史文化风貌和大量世界级文化、艺术珍品的特征,在概念上历史文化遗存主导型文化城市同我国历史文化名城具有较大相似性。在世界范围内,其典型代表为威尼斯（Venice）、罗马（Rome）、雅典（Athens）等。

代表案例：罗马——历史文化博物馆

在地理空间上，罗马大约处于东经12°30′、北纬41°54′的位置上，稍高于北京纬度（北京纬度约为39°54′）。在区域层次上，其地处意大利半岛中西部，市中心与地中海相距不足30公里，这使得罗马7～8月份干燥炎热，平均气温可达24.5℃，而冬天则温和多雨，是典型的地中海气候。在经济发展水平上，罗马自20世纪50年代以来逐步追赶并超越了国内的米兰（Milan）和那不勒斯（Naples），目前已成为经济中心。但是从整个欧洲来看，其经济地位则远远滞后于巴黎和伦敦，而在世界经济舞台上，提及其影响力的则更少。但是，罗马在世界范围内却被广泛关注且被人所熟知，除了因其拥有两个世界闻名的顶级足球俱乐部这一原因外，最重要的恐怕还在于其在西方文明进化过程中的重要地位以及为人类社会所保存的诸如建筑、雕塑、绘画、宗教等领域的艺术珍品。

罗马城市建设可追溯到公元前753年，传说为罗穆卢斯（Romulus）和他的孪生兄弟瑞摩斯（Remus）所建，并陆续为拉丁人（Latins）聚居，并逐步强大起来，该时期被称为王政时期。但在公元前6世纪中叶，罗马北部的伊特鲁里亚（Etruscans）侵占并摄取了罗马政权。王政时期以及紧随其后的伊特鲁里亚人统治时期，对罗马城市建设、语言形成、政治体制方面做出了重要基础性贡献。但在公元前509年，伊特鲁里亚人的异族特权统治及其行为遭到罗马人的不满，其政权迅速被推翻。此后，罗马人不再继承王政制度，而是建立共和制（Wright，1984）。共和国时期（公元前 6 世纪—前 27 年）是罗马发展壮大的重要时期，该时期产生了诸多重要建筑与城市开敞空间，例如罗马广场（Forum Romanum）、雷吉亚（Regia）、灶神庙（Temple of Vesta）、圣道（Via Sacra），对后世建筑形式影响深远。共和国后是罗马帝国时期（公元前 27 年—公元 476 年），该时期由屋大维（Octavianus）开创直至 476 年西罗马灭亡。由于罗马帝国的强盛及屋大维等对城市建设的极力推崇，该时期属于罗马建设的辉煌时期之一，产生了罗马最负盛名的建筑样本，如奥古斯都广场（Forum Augustum）、巴西利亚（Basilica）、君士坦丁凯旋门（Arch of Constantine）、圆形竞技场（Colosseum）、卡拉卡拉浴场（Baths of Caracalla）、哈德良别墅（Hadrian Villa）、万神庙（Pantheon）以及其他各种图书馆、博物馆等建筑。在西罗马帝国灭亡后，意大利半岛进入长期混战状态，被称为黑暗时代，因此罗马城市建设陷入停滞，但是在此以后，罗马教皇势力逐步成长起来并形成了覆盖欧洲的教皇势力网络。到公元 800 年，查理曼大帝（Charlemagne）接受了罗马教皇的加冕，成为西罗马帝国的皇帝，并为其保护者。而到 10 世纪，由于居于罗马的贵族特权纷纷处心积虑欲获得教皇权力发生争夺，城市陷入荒废，特别是在罗马教廷和西欧封建主等的鼓动下的肇始于 1096 年，历时约两个世纪的十字军东征行动，更是使得罗马发展日趋落后。但是在这次大规模宗教冲突中，东方文明与西方文明的碰撞融合，则为文艺复兴的产生准备了条件。到 15—16 世纪，罗马宗教势力逐步恢复，而文艺复兴则达到鼎盛时期，罗马再次成为欧洲经济、文化中心（Wright，1984）。在此历史背景下，罗马城市进入第二个繁盛时期，绘画、雕塑、建筑、城市广场等方面成就斐然。17—18 世纪罗马在文艺复兴基础上又兴起了巴洛克艺术风格，并在城市建设中多有表现。到 18 世纪晚期，拿破仑（Napolen）征服意大利半岛，罗马进入法兰西第一帝国的版图。到 19 世纪 60 年代，加里波第（Giuseppe Garibaldi）等人开展意大利文艺复兴运动，并于 1970 年实现统一，建成意大利王国。1946 年更名为意大利共和国，首都罗马。

正如"罗马不是一天建成的"所言，罗马城市历经外族入侵洗劫、内乱战火损毁以及意外火灾破坏等一系列不幸，现存的帝国时期、文艺复兴时期的诸多建筑的辉煌色彩虽然已经稍显暗淡，但其恢弘气度依然留存。在罗马，到处都矗立着显现罗马艺术成就的丰碑，例如凯旋门、记功柱、万神庙和竞技场等，甚至是那些仅存的罗马柱式残垣。除此以外，当然还有随处可见的雕塑艺术，这些雕塑作品可以耸立于桥头、存在于广场、活跃于柱顶、镶嵌于室内。而诸多古建筑的室内柱廊、墙壁、摆设、天顶、窗户等更是精雕细琢，穷尽艺术装饰。

除了这些物质艺术成就外，罗马还有一点与众不同在于天主教教宗所在的梵蒂冈亦镶嵌在罗马城内。梵蒂冈位于古城区西北角，其所辖的领土内有两个艺术品甚为重要，即圣彼得大教堂和圣彼得广场，这是因为该地是每年举行圣周（Holy Week）活动之地。圣周活动是罗马一年活动中的最高活动，既是一个重要的家庭假期也是影响全世界的宗教活动。圣周从四旬斋期（Lent）的最后一个礼拜的礼拜天（Palm Sunday）开始，到复活节（Easter）前的礼拜六结束。该活动主要为了纪念耶稣牺牲在十字架的一周人间生活以及在复活节的头个星期六的复活（Resurrection on Easter Sunday）。在此期间，许多罗马本地人则趁机离开罗马远涉出游。而世界范围内许多朝圣者则蜂拥而至，将整个罗马充塞。教皇在圣濯足日（Maundy Thurday）为十二个老人（或小孩）洗足，这标志着圣周的开始。周五（Good Friday）则通过熄灭教堂蜡烛（仅存一盏以示耶稣，以示世界之光）等仪式纪念耶稣遇难。复活节首个弥撒（Easter Mass）在圣周六（Holy Saturday）举行，标志四旬斋的结束，诸多信徒充塞罗马各教堂，以示虔诚。随后在复活节的首个星期一（Easter Monday），教皇在圣彼得大教堂上面对圣彼得广场，通过多种语言给信徒们做祈福和布道。数以万计的虔诚信徒纷纷而至，拥挤在圣彼得广场之内，聆听教皇的福音（Wright，1984）。

罗马诸多文化元素的高密度集聚，使得罗马具有良好的电影外景基础，因此罗马也成为意大利的电影产业发展基地。罗马的建筑、雕塑等艺术成就的远播渗透，使得此地成为艺术工作者的朝圣之地。罗马教廷在宗教领域的宗座地位，也使得该地成为虔诚天主教信徒的内心归宿。而这一切，则成就了罗马世界旅游胜地之地位，旅游业成为罗马最重要的支柱产业之一。

纵览罗马城市发展轨迹，其今天的成就得益于三个方面：

首先得益于其对外界诸多文化的吸收与超越。罗马人不仅吸收了其前辈伊特鲁里亚人的建筑艺术、生产模式，更是在与希腊的接触过程中继承和发扬了希腊的建筑艺术。这一点在柱式发展上尤为明显。例如多立克（Doric）柱式上，罗马人一改希腊人的矜持，该柱式变得更加粗糙、并加以柱础，以满足宏大体量建筑之需。而为了实际所需，其更是将多立克柱式直接简化，成为罗马的塔斯干柱式。另外，对爱奥尼（Ionic），科林斯（Corinthian）亦做了改变，比其更加丰富复杂，强化装饰，并将爱奥尼柱式的涡卷加到了科林斯上，形成了混合柱式。此外，罗马人还发明了拱券，并将其与柱式结合，使得其不仅可以进一步超越建筑承重问题的限制，建设更大的建筑空间，还使得建筑里面更具层次感与艺术感。随后又进一步将简形拱顶（tunnel vault）发展到交叉拱顶（groin vault）。更重要的是，由于罗马人难以获得大量大理石以满足大规模建设，其就地取材用罗马附近丰富的火山灰与石灰混合实现了混泥土技术，这不仅减少了建设成本，还缩短了建设工期，并使得大跨度建筑空间实现成为可能，使得罗马的辉煌得以充分施展（陈平，2006）。

其次是罗马当局在其发展过程中对城市建设功能与艺术的双重追求。罗马城市建设经历了两个高潮时期，第一时期为帝国时期，第二时期为文艺复兴时期。早在共和国繁荣时期，罗马成为整个意大利的经济文化中心，罗马成为人口吸引的磁场，大量人口涌入城市，为了满足这些人口居住的需要，罗马人采用了增加住房层数的办法使得问题得以缓和。同时，对其高度作了明确限制，例如在凯撒统治时期，其规定住房高度不得高于70罗马尺（Roman feet），奥古斯都对该限制予以了继承，图拉真则将其降低到了60英尺的标准，以提高安全性。然而罗马还是遭受了巨大的火灾，为此尼禄（Nero）提出了禁止建设过高、过窄的居住区，并进一步强化了房屋建设在墙皮厚度、建材质量、建筑高度等方面的限制（Carcopino，1941）。此外，由于罗马人口的高度集聚，加上罗马人热衷的大量浴场、公共广场喷泉等大量用水，罗马城市用水成为问题，为此，在奥古斯都时期，城市为饮水工程任命特别官员主理，筹集资金，资金一方面来源于对外战争的战利物资，另一方面来自市民捐献（Ashby，1935）。罗马引水渠共计约11条，有明渠也有暗渠。对于这一浩大工程，罗马人将拱券技术、柱式、混泥土建筑材料等综合利用到水渠建设上，不仅完成长距离、大尺度的建筑工程，而且使得水渠本身成为一种艺术作品。除此以外，在帝国早期，由于皇帝争相建设豪华宫殿庙宇，使得帕拉廷山（Palatine Hill）顶布满了各种建筑，例如奥古斯都（Augustus）、提比略（Tiberius）、哈德良（Hadrian）等多位皇帝的寓所，华丽的露天运动场，维持公正司法大厅、防御外敌入侵的罗马营寨、尼禄（Nero）的金殿等。特别是从凯撒到奥古斯都时期，城市更是遍布各种公共设施。例如浴场、喷泉、剧场、图书馆、广场等，使得罗马繁荣气象一览无遗。第二时期即文艺复兴及随后的巴洛克时期。在15世纪晚期到16世纪早期，是罗马教宗发展的黄金时期，罗马成为西方文化艺术中心，此地也成为吸引诸多文豪、艺术巨匠之地，米开朗琪罗、拉斐尔、达·芬奇、伯尼尼等一大批艺术家云集于此，将城市、建筑、雕塑、绘画等艺术进行了完美结合。西斯廷教堂、圣彼得广场、罗马新宫（Palazzo Nuovo）以及各类雕塑、绘画、修缮工程延绵不断，罗马由此经历了一场空前的美化盛典（Wright，1984）。

第三是罗马城市对文化遗存的继承、维护与利用。无论是物质文化遗产还是非物质文化遗产，罗马都极其繁荣。在20世纪

117

70年代，历史文化遗产的经济价值和带动效应尚未被充分发掘，在此背景下，罗马大量的历史文化遗产成为城市发展空间拓展的障碍。然而，随着西方多领域的"文化转向"大潮的开展与传播，文化的价值被强调和肯定，其经济作用和社会教化作用均得到发掘和重视。在此背景下，罗马的历史文化遗产成为城市发展的重要资本。为了扩大其国际影响力，罗马积极响应联合国教科文组织世界遗产委员会的保护文化遗产的行动，其通过对罗马城市文化遗产的发掘、梳理，制作了文本、图纸等一整套规范文件，并递送至世界遗产委员会。在1980年，罗马历史中心以及享受治外法权的罗马教廷建筑和缪拉圣保罗弗利（Historic Centure of Rome, the Properities of the Holy See in that City Enjoying Extraterritorial Rights and San Paolo Fuori le Mura）被联合国认可，批准为世界文化遗产。1984年，梵蒂冈城（Vatican City）亦被正式批准为世界文化遗产。1997年庞培古城和赫库兰尼姆以及托雷安农齐亚塔考古区（Archaeological Areas of Pompei, Herculanenum and Torre Annunziata）亦被正式确立为世界文化遗产。通过这一路径，罗马一方面扩大了其在世界范围内的影响力与知名度，另一方面为文化遗产保护获取了外部资金支持。这使得罗马的文化遗产得以继承和维护，并为旅游开发提供了基础。实际上，罗马即是意大利三大旅游热点城市之一，每年大约可吸引3000万游客的光临，这使得旅游业成为罗马的支柱产业之一。此外，罗马惬意的生活情调、与梵蒂冈独特的地理空间关系以及由此形成的宗教活动、数百种意大利面食和五花八门的小吃、富于浪漫色彩的意大利年轻男女、便宜产品与昂贵产品相并举的购物空间，再

加上罗马临近地中海所拥有的良好海滩（Wright，1984），使得
罗马也成为意大利电影产业发展的中心城市，这是因为罗马拥有
多样、丰富、亦古亦今的外景条件以及亮丽的阳光资源。

七　多维综合型

多维综合型即同时具有多个文化特质——不仅具有丰富的历
史文化遗存，还具有多个有全球渗透能力的城市文化产品，既包
括古典类产品如戏剧、诗歌等，还包括现代产品如服饰、动画、
动漫、金融等。这类城市一般都属于世界城市，在全球范围内发
挥重要作用，是各类信息、技术、文化、人才、资本的集散中
心。典型代表为东京（Tokyo）、巴黎（Paris）、伦敦（London）、
纽约（New York）等。

代表案例：伦敦——多元文化大都会

伦敦地处分割东西半球的本初子午线上，纬度约51°30′，低于
我国漠河约1°30′。伦敦的建城史虽然可追溯到公元1世纪，但到
公元12世纪左右，伦敦才被定为英格兰首都，随后的发展一直相
对平缓。18世纪中期，英国工业革命爆发，这给伦敦带来了巨大
增长契机和发展引擎。在工业革命的直接推动下，伦敦在工业、
金融、贸易等领域异军突起，城市总体经济实力急速提升，城市
空间随之扩张，伦敦由此迅速攀升至整个欧洲乃至世界范围内城
市体系的顶端。到目前，伦敦已成为英国最大的城市。更重要的
是，伦敦也一跃成为世界十大城市之一，是世界金融、贸易中心，
地位举足轻重。

然而，严格看来，伦敦并不是一个行政区划上的城市，而是

一个由诸多城市和自治区域组成的大集合体，也即大伦敦地区（Greater London），这与伦敦的发展历史轨迹密切相关。伦敦真正意义上的建城史大约可追溯到公元1世纪。在公元43年，凯尔特人（Celt）侵入英国，在泰晤士河畔修建了港口和桥梁，并取名为伦底纽姆（Londinium），这是伦敦城市发展的雏形。随后在公元50年，古罗马帝国皇帝克劳狄（Claudius，公元41年—54年在位）侵入英格兰，占领了伦敦，并在原基础上修建了城镇，伦敦由此诞生。在罗马人统治时期，伦敦的水运、陆运交通枢纽的区位优势，使得其迅速成为罗马帝国西部地区最大的城市。但到410年罗马人撤出英格兰后，来自欧洲大陆的陆续侵入，使得伦敦进入发展的黑暗时期（Dark Ages）。877年，英格兰卜塞克斯（Wessex）王国的国王阿尔弗雷德（Alfred，871—899）击败丹麦人的入侵军队，并于伦敦大兴土木，恢复了伦敦城防，伦敦再度繁荣。随后在1042年忏悔者爱德华（Edward the Confessor）国王继承王位，致力于英格兰社会、经济发展。在此时期，爱德华在伦敦城墙以西1.25英里的地方，修建了首个修道院和皇家宫殿，这就是今天的威斯敏斯特的前身。自此，当今伦敦的双中心雏形形成：东部地区为伦敦市（City of London），是商业金融中心；两部地区为威斯敏斯特市（City of Westminster），是皇家贵胄和行政管理中心之所在。然而在此后的6个多世纪里，两者在地理空间上依然是相互分离，而在14—17世纪欧洲爆发的黑死病（Pestis），更是使得伦敦发展陷入低潮。直到1666年的伦敦大火，伦敦获得大规模重建机会，两者聚合趋势明显。随后18世纪的工业革命，使得伦敦急速发展，人口剧增。1801年，伦敦人口达到

80 万，到 1855 年人口达到 200 万。为了适应伦敦如此大规模的发展与建设，1855 年英国议会提议并成立了大都市工作理事会（Metropolitan Board of Works），但由于腐败问题其在 1888 年被废，并于次年经过民主选举成立了伦敦郡委员会（London County Council），该委员会管理事务范围仅仅包括今天的内伦敦地区（Inner London）。到 1965 年，这一机构已经不能满足伦敦的发展需要，并被大伦敦委员会（Greater London Council）所取代。但是由于该委员会在 20 世纪 80 年代中后期不满于撒切尔政府（Thatcher Administration）的相关政策，在政治斗争中于 1986 年被废弃。随后其相关事务被分解下放到地方各自治县。这一机构的废弃对大伦敦的总体协调发展造成了麻烦，因此在 1997 年布莱尔政府（Tony Blair's Labour Government）上台后，于 1999 年就是否需要重新成立管理大伦敦发展要务的新机构举行了听证会，结果以 2:1 的比率通过，由此大伦敦政府（Greater London Authority）在 2000 年正式成立，并一直延续到现在。目前，大伦敦包括伦敦市、威斯敏斯特市，以及另外 31 个自治市，总面积达到 1579 平方公里，目前人口已经超过 800 万。

伦敦在世界范围内的成功及其显要形象首先来自于全球城市（Global city）的地位及其在世界经济发展中的直接巨大影响力。尽管关于世界城市的划定多有争议，但学界普遍确信伦敦、巴黎、纽约、东京的世界城市地位无疑。这一地位并不仅仅源于其人口规模，也不仅仅是其城市空间规模，而是其经历多次繁荣和衰退交叠后所获得的世界金融中心的地位。伦敦的金融发展空间主要包括两个中心：伦敦金融城和金丝雀码头（Canary Wharf）

金融中心。伦敦金融城位于伦敦桥（London Bridge）与塔桥（Tower Bridge）之间的泰晤士河北岸，所占面积仅 1 平方英里左右，因此通常也会被称为"一平方英里"（Square Mile）。该地区发端于 14 世纪伦巴第（Lombardy）人在此地经营放款业务，随后业务逐步膨胀发展，吸引诸多银行业主入驻。18 世纪后期，在英国工业革命和海外殖民的直接推动下，英国国际贸易和海运急剧增长，到 19 世纪达到世界首位，随之而生的是英镑成为国际结算和各国外汇储备的主要货币，由此促进了英国银行体制的完善。到 20 世纪 50 年代，美国国内经济经历发展低潮，其国际收支的严重逆差直接导致美元大量外流，由此美元市场在欧洲兴起，而伦敦凭借雄厚实力成为美元市场交易中心，并吸引大量外国银行进入。但伦敦维持其世界金融中心的地位亦付出了代价，即在维持英镑兑美元的汇率的基础上却损害了诸多工业，如钢铁、造船等工业的发展，使得失业一度严重。20 世纪 80 年代，为了缓和这一矛盾，撒切尔政府执政后，一方面大规模减少伦敦城对外投资以减少资本外流，并对高收入者征收高税额。另一方面指出伦敦金融城过于封闭，提出并实施"解除管制、引入竞争、进入全球市场"的政策，这使得运作不济者纷纷倒闭，而适应者则在全球竞争中快速成长起来，由此使得伦敦金融系统更加稳固和成熟。与伦敦金融城相比，金丝雀码头金融中心的发展历史则要短了许多。其位于伦敦金融城东约 5 公里，是在废弃的道克兰码头区（Dockland）发展起来的。该地区原为英国最大的港口和造船业集中地，但在 20 世纪 60 年代，世界范围内水运集装箱化增强，该地区水深难以满足大规模吞吐量船只使用，因此迅速衰败。20 世纪 80 年代以后，此地约 21 平方公里的面积都成为工业废弃地，失业、社会贫困及犯罪严重。1982 年英国环境国务大臣赫塞尔廷（Michael Heseltine）组建了伦敦道克兰码头发展公司（London Docklands Development Corporation），全面负责该地区的复兴工作。通过论证，该地区被定为伦敦的新金融中心和住房建设中心。这一方面缓解伦敦金融城的空间发展压力，疏解其金融功能，另一方面提升地方环境品质，增加伦敦住房供给，发展轻工业，增加就业。虽然在发展过程中遭受诸多非议，但如今其已经多个方面取得成效，例如促进地方交通设施完善，带动娱乐休闲、商业零售业的繁荣等（Hall，1998）。至此伦敦双金融中心的城市格局形成。在 2009 年美国华尔街的金融系统大规模变动和重组，美国金融业务能力大幅度下降，这使得伦敦金融地位更加突出和重要。据 2009 年世界经济论坛发布的全球金融实力的城市排行，伦敦首次超越纽约，成为全球第一大金融中心。

虽然伦敦具有上述诸多优越基础，但是在当前条件下，伦敦亦面临诸多问题，例如绿地开放空间分布不均导致供给不足、犯罪问题依然被认为是最突出问题、就业压力较大、生活成本偏高等。由于这些问题的存在伦敦的生活质量评估虽然远高于中国上海，但其落后于柏林、东京、巴黎等竞争对手。基于这一状态，伦敦在 2009 年发布了大伦敦空间发展战略规划（Spatial Development Strategy for Greater London）以应对上述诸多问题。其中，从构建文化城市角度来看，有三点具有重要启示意义。首先是强调了对城市软环境竞争力的强化。例如将生活质量的提升列入关注核心的位置；发展经济适用房（affordable housing）以解决城市住房问题；关注全球气候变化变暖并提出低碳发展模式；提升支撑城市增长的政府服务质量和金融服务水平；提倡发展充满人情味的社区场所。第二个方面是对城市文化艺术及其衍生经济的多方位支持。例如伦敦的文化资源的保护和利用列为伦敦成功制胜的关键；继续扩大伦敦，特别是外伦敦的文化设施数量和文化活动规模并提升其质量和品位；划定战略性文化区（Strategic Cultural Areas）；划定夜间经济战略性集聚区（Strategic clusters of night - time activity）；积极支持创意产业、服务经济（Service - based Economy）的发展等。第三个方面是全面推动降低城市失业与社会不公平政策。例如将创造更多就业岗位作为首要解决的问题；提倡公平的医疗服务水平与教育机会；为每个市民创造平等的生活契机等。

纵观伦敦发展历史，解读伦敦当前发展状态和发展战略，可以说伦敦是一个文化资源丰富，人才云集且构成复杂，文化多样性特征突出的世界城市。伦敦同时也是一个现代时尚与古韵相互穿插融合的城市。当然，伦敦也是一个充满雄心壮志的城市，这一点在其最新发布的大伦敦空间发展规划中表现明显，明确提出将伦敦发展成为人们乐于居住、工作、休憩和玩乐的世界首位城市是其根本目标。

第四节　城市文化的评价指标

理想的文化城市应该是系统而全面发展的城市，即不仅需要具有文化特征明显、文化氛围浓厚、文化基础设施完善、文化生活丰富的特征，还应该具有经济高度发展、内部交通支撑体系完善、各种国际交流频繁的特征。为了突出文化城市的这些重要属性以及文化城市的融合与超越作用，制定文化城市评价指标必须在一般性城市社会经济发展状态的基础上，重点突出城市文化要素在评估文化城市品质中的重要性。

一　城市文化的评价指标

文化城市首先是一个系统性概念，即不仅关注经济发展、社会进步，还关注环境质量，并以创意利用城市文化资源为手段，将各个系统进行有机统一。文化城市还是一个立体性概念，即文化城市不仅关注物质增长，还关注城市居民的精神状态和对城市工作、生活的内心感受。基于这一认识，结合上述的文化城市的基本目标和文化城市的构成框架，总结所列的七个典型城市案例，参考《城市文化测评体系》（郝风林，2005）、《南京文明城区创建计划指标体系》（吕德雄等，1999），以及《宜居城市科学评价标准》（顾文选，2007）等指标系统，提出如下文化城市的评价指标（表3.1）。

表3.1　　　　　　　　　　文化城市的评价指标

评价要素	评价亚类	评价指标
基础性要素	经济发展	GDP总量；GDP增长率；人均GDP；第三产业比重
	生活质量	人均工资水平；恩格尔系数；每百万户网络接通数
	交通公共设置	路网密度；公共交通总线密度

评价要素	评价亚类	评价指标
文化资源	物质文化资源	世界物质文化遗产；国家级物质文化遗产；国家自然风貌区个数；世界著名建筑；物质文化保护经费所占GDP比重
	非物质文化资源	世界非物质文化遗产个数；国家级非物质文化遗产个数；世界500强企业总数；自有世界级文化品牌；世界级名人；艺术作品数；非物质文化遗产保护经费所占GDP比重
文化创意产业	经济贡献	增加值；增加增长率；人均增加值；占GDP比重
	产品与市场	产品出口总量；产品国际化市场份额；产品国内市场份额；科技与创意专利数目
	扩散与传播	国际会议、会展数；国家级会展、会议数；千人报纸发行量；万人电影院数；产品出口种类
文化景观	物质景观	绿化率；广场与公园地均密度；城市地标知名度；感知系统设计满意度；建筑物审美评价；主要街道和街区评价
	非物质景观	国际时尚程度评价；居民服饰审美评价；居民行为与语言亲和度评价
文化氛围	文化基础设施	万人教育科研单位数；万人图书馆、博物馆数；万人影院数；千人咖啡馆、茶馆、酒吧数；大型标志性文化设施数；小学、初中学校图书馆千人拥有量

评价要素	评价亚类	评价指标
	人才与交流	文化艺术团体数；文化艺术从业人数；文化、科技交流会次数；本科学历及其以上人口比重；万人科普活动参加数；民间文化艺术团体交流次数；文化艺术对外交流次数；国际网络信息输出量；国际网络信息输入量
	机制与自由度	城市领导层领导能力评价；城市开放度评价；城市自然环境评价；城市投资环境评价；城市文化多样性评价；城市交流自由度评价；城市居民宽容度评价

二　评价指标的一般性解释

如上文所述，文化城市是一个立体性概念，其不仅关注客观存在性指标，还关注城市居民的主观感受等评价性指标。因此，上文所列文化城市评价指标具有一个与过去许多评估指标系统明显不同的特点，即包含了多个主观性指标，这些指标不能直接采用当前已有的官方统计数据，而需要通过评估者实地的调查方可获得。这使得该指标系统在实际操作过程中遭遇较大困难，特别是需要做大量样本比较时这一弊端尤为明显。但是，也许正是由于这一障碍的存在，使得过去许多评估指标系统过多地依赖于官方可统计的客观存在性指标，例如当讨论城市生活质量时，我们习惯于将诸如可支配收入、千人图书馆数量等作为指标来衡量生活质量。这一做法虽然使得实际操作困难大大减弱，但是其不足在于忽视了生活质量这一概念与人的切身感受具有巨大关联，也即是说生活质量是一个带有强烈主观色彩的概念。对于不同群体而言，在提供相同的物质或精神服务内容的条件下，其感受的服务质量和满意程度是不同的。评估文化城市的发展水平，也具有类似的问题，例如评估文化氛围这一要素，不仅关心实际提供的文化设施和服务的客观质量和分布，还需关注处于城市中的人口获取的实际效用的情况。

在讨论文化城市评价指标时，坚持上述原理的理论基础依然在于对文化城市的理解。与创意城市、历史文化名城等概念不同，文化城市将考虑问题的重心置于作为社会化的人的身上，而不是经济发展，也不是文化本身。在文化城市框架之内，经济发展只是支撑文化城市的一个方面，而文化利用只是实现文化城市的一个媒介，文化发展最终也是为了服务于人。相比之下，创意城市将太多注意力集中于经济，且立足于挖掘和剥削人的智力财富，因此说其核心不是服务人，而是利用人，在某种程度上是对人自身发展和自由享受人类文明成果的忽视，更谈不上公平享受人类文明成果。这是因为对创意阶层的过分推重即是对另一部分人群的排挤，其结果将是对经济增长的崇拜，对城市社会极化的推波助澜。而历史文化名城，则将注意力过分置于文化遗产本身。事实上，保护文化遗产本身是必需的，但不应该成为最终目标。保护文化遗产其本质应该在于保护人与历史文化遗产之间的某种关系，这种关系就是一种情感纽带，一种人的主观感受。

然而事实是我们对此忽视太久，并且习以为常。特别是在考量社会进步和经济发展过程中，多以人的产出为统计对象，例如专利数、经济总量、各工业门类的产出，如此等等，这实际上是过分强调人的生产者的角色，而忽视了人作为消费者的角色。人的消费，不仅包括物质消费，还包括精神消费。物质消费使我们作为自然人角色得以存活，精神消费的结果与状态关乎我们作为社会人的存活品质。在全社会层次上，虽然对物质消费已有零星关注，例如统计城市居民在交通、服装等方面的支出等，但是对于消费后的主观感受毫无涉及。即使是统计了在影视娱乐、旅游等方面的支出，这也不足以表述居民的实际感受和满意程度。也就是说获得服务的数量和获得精神满足是两个区别甚大的范畴。基于此，无论从社会发展，还是城市建设上来看，关注人的精神状态的系统性统计需要被提上议程。这是因为只有这一状态的具体数据，才能为社会制度进步、城市规划与建设等提供实质性参考线索。而这，也是进行文化城市建设的基础之一。

基于上述理解，文化城市的评价指标（CSI）系统具体可分解为七个评价组件（Component）。第一个组件是对城市发展状态的最一般性描述，其他六个组件分别为上述所述城市的构成框架所包含的六个要素。每一个组件又细分为2—3个亚组件（Sub - component）。根据需要每个亚组件再分成若干个评价指标。

对第一个组件而言，其规范了文化城市的基本经济发展阶段和在该阶段下城市居民的最基本生活状态。其必要性在于：一方面，按照上文对文化城市的定义，文化城市是一个动态演进的过程，在不同的发展阶段，必然有诸多差异。为了将这些差异区别开来，需要寻找一个指标将其区分，而最直接的且最易得的指标即经济指标，因此采用了经济发展亚组件。需要指出的是，第三产业占GDP比重这一指标是为了表现经济发展高级化程度。另一方面，文化城市最基础的要求是为市民提供基础性物质消费，也即是文化城市必须建立于一定的经济发展水平之上，这方面是对满足城市增长机器这一实质的反应，另一方面也是满足城市居民获取经济利益并获得基本消费的前提。除此之外，文化城市还必须为城市生活提供基本便利。因此，亚组件还包括生活质量和交通公用设施。需要指出的是，在生活质量中，万户网络接通数这一指标意表示城市居民个体与外界在虚拟空间上获得信息交换所具备的基础条件。另外，公共交通总线数密度中，公共交通线路不仅包括地铁、轻轨等线路，也包括一般性公交车线路。在实际操作中，根据具体情况，可以将地铁，轻轨折算成相应公交车线路，或将两者分别进行统计核算。

文化资源方面，分成物质文化资源和非物质文化资源。对于具体指标而言，世界级文化遗产不计入国家级，以避免重复。在物质文化资源方面，有两个指标需要进一步解释，第一个是近代世界著名建筑物数。限定为近现代，其目的在于避免与已列入历史文化遗产名录的建筑物相重复，也即该指标主要考虑尚未列入国家文化遗产名录的作品。而所谓世界著名，即指由世界著名建筑师设计，具有世界影响力的建筑物，例如北京的水立方，上海世博会的中国馆等。第二个需要说明的指标是文化遗产保护利用综合评价。该指标不能直接从客观数据获取，而需要通过调查问卷，了解经费投入在居民看来所产生的实际效用。在非物质文化资源方面，自有世界级品牌，指在本城市生产，其产品在国外市场收益大于国内市场收益的品牌；各类世界级名人以收入《世界名人录》为参考，并酌情增加当前新近产生的世界知名人士；世界经典文化、艺术作品指那些被翻译为 5 种文字以上并在世界范围内传播的作品。

文化创意产业方面，包括经济贡献、产品与市场、扩散与传播三个亚组件。在产品与市场亚组件内，产品国际市场份额指本市文化创意产业销售额占全世界范围内文化创意产业销售总额的百分比；产品国家市场份额指本市文化创意产业销售额占全国文化创意产业销售额的百分比；科技与创意专利数指在文化创意产业领域，那些通过国家公证的，拥有专利号的创新的总数。在扩散与传播中，每千人报纸拥有量是指平均每千人每年可获得报纸的发行总量；万人电影场数指该市平均每万人每年的放映电影场数；产品出口种类数指文化创意产业中被出口的所有产品种类数。

文化景观方面，包括物质景观和非物质景观。如上文关于文化景观的描述，是一种感知和审美的结果，特别是非物质文化景观。因此关于该方面的描述许多不能直接通过客观统计获取，而需要通过随机抽样调查获得。在非物质文化景观上，主要包括国际时尚程度评价，居民服饰审美评价。居民行为与语言亲和度评价三个方面。物质文化景观方面包括三个可直接获得的指标：绿化率、广场与公园地均密度、城市地标知名度，其中广场与公园地均密度按照其设计者的国际知名度进行量表化。另外三个指标均需要通过问卷调查获得，分别是：感知系统设计满意度、建筑物审美评价、主要街道和街区整洁度评估。

文化氛围方面，包括文化基础设施、人才与交流、机制与自由度。前两个亚组件主要采用了客观性指标。其中大型标志性文化基础设施指那些尚未计入图书馆、博物馆，但具有重要影响的大型文化设施，例如北京鸟巢、上海世博会中国馆、南京奥体中心等；本科学历及以上人口百分比是为了表征人才集聚程度；国际网络信息输出量用于表征城市与外界的互动强度，分别统计输入量和输出量而不直接采用总量，其目标在于区分城市对外交流的主动性与被动性。由于机制和自由度的评估与人的实际感受关系密切，因此拟定采用通过社会调查才能获得的指标。

与文化氛围相似，文化场所从本质上看是以关心人的主观感受和感情交流为核心，因此该组件内的评价指标依然采用主观性指标。场所空间设计方面以主观性指标为主，其中虚拟场所空间影响力评价指与现实场所对应的虚拟空间的影响力，一方面可通过问卷调查获得数据，另一方面也可以采用网络日访问量作为参考。场所活动组织方面，包括两个客观性指标和三个主观性指标。客观性指标是：场所年均自组织文化活动总数、场所年均自组织文化活动种类数。主观性指标为：场所活动交流满意度评价、场所认同感评价、场所归属感评价。

文化制度与政策方面，分别从文化制度和文化政策两个方面予以评价。文化制度与国家政治体制关系密切，并不能直接反映城市本身的特殊性，因此仅采用文化制度宽容度评价、与世界接轨程度评价两项主观性指标。二元文化政策则与城市本身关系密切，拟定了六个评价指标。其中需要对城市夜间街道安全度评价这一指标做一定的解释。这一指标的重要性源于许多文化消费活动在时间分布上已表现出向夜间集中的趋势，夜间经济（night - time economy）和夜间城市（night - time city）已成为西方国家日趋重视和热于讨论的议题（Marion，2009）。在我国，随着城市文化消费活动的日趋扩张，夜间经济正处于快速膨胀状态，因此保障城市夜间安全成为构建文化城市的一个重要方面。而城市夜间街道安全度实际上也可以考虑用年均夜间发生犯罪次数作为参考，但由于犯罪案件本身性质、严重程度对于人的身心影响差异较大，因此主张通过社会调查获得反映城市消费者主观感受的数据。

第四章　城市文化的发展战略

第一节　城市文化战略的一般发展阶段

世界各个国家和地区基本情况和发展阶段不同，因此对待城市文化的态度、政策和战略不尽相同。但从世界上一些主要城市的文化发展的脉络看，城市文化都会有"循序渐进态势和客观禀赋资源、文化资本的限制，其发展的重点具有顺序性和阶段性的特征。"刘合林将城市文化战略的一般阶段划分为历史文化遗产保护、文化导向的设施更新、文化创意产业的兴盛、城市文化品牌营销、文化战略整合与升华等五个阶段。西方现代城市发展较早，主要城市的文化战略都经历了前四个阶段。中国的城市文化战略大致开始于20世纪80年代，主要城市的文化战略经历了历史文化遗产保护和文化创意产业阶段，没有明显的文化导向的设施更新阶段，部分城市开始打造城市文化品牌，但尚未达到文化战略整合与升华阶段。

一 历史文化遗产保护阶段

西方城市的历史文化遗产保护阶段大致开始于 20 世纪 30 年代。这一时期西方社会普遍重视和保护历史文化遗产，1930 年法国颁布的《风景名胜地保护法》就将特定的历史城区进行整体性保护；在 1933 年颁布的纲领性文件《雅典宪章》中提出"有历史价值的古建筑均应该妥为保存"的原则，得到了国际社会的公认；"二战"后，当时的联合国四十四个成员方签订了《联合国教育、科学及文化组织组织法》，并成立联合国教科文组织，以倡导整个国际力量保护城市文化遗产为目标，为之后的国际城市文化遗产保护工作的合作奠定了基础；因为城市文化遗产的破坏大部分是二战所造成的，所以联合国教科文组织希望城市文化遗产保护能够国际化。1954 年联合国教科文组织正式通过《海牙公约》，该公约旨在保护战时的文物，认为战时"任何城市文化遗产损失，即整个人类城市文化遗产损失"，要求缔约国尽其可能从事保护工作；1964 年联合国教科文组织下属的从事文物和历史街区保护工作者的国际组织，又通过了《保护文物建筑及历史地区的国际宪章》，强调要"保护能够见证某种文明、某种发展、某历史事件的城乡环境"，并且认为"一座文物建筑不可以从它可见证的历史和所产生的环境中分离开来"。

中国在 1930 年由民国政府颁布《古物保存法》，是我国历史上最早的文物保护法令。其后相继颁布《古物保存法实行细则》，成立"中央古物保管委员会"。但是由于抗战爆发和内战，城市历史文化遗产在动荡中遭到巨大破坏。新中国成立后，虽然相继颁布了《关于名胜古迹管理的职责、权力分担的规定》、《地方文物管理委员会暂行组织法》和《文物保护管理暂行条例》，但是由于没有系统的保护和政治运动，城市历史文化遗产保护稍有进展但很快又遭到破坏。

中国城市的历史文化遗产保护正式开始的阶段大致为 20 世纪 80 年代，改革开放后，中国城市的历史文化遗产开始得到重视，并且进行了历史文化遗产保护性的工作。1982 年国务院颁布《中华人民共和国文物保护法》，新列举了历史文化名城制度，公布了首批 24 个国家历史文化名城，地方政府也陆续制定相关法规，公布省级历史文化名城。2008 年国务院颁布《历史文化名城名镇名村保护条例》，针对过度开发和不合理利用，许多重要历史文化遗产正在消失，传统格局和历史风貌遭到严重破坏的现象，做了如下规定：

一是明确历史文化名城、名镇、名村应当整体保护，保持传统格局、历史风貌和空间尺度，不得改变与其相互依存的自然景观和环境。

二是强化政府的保护责任。历史文化名城、名镇、名村所在地县级以上地方人民政府应当根据当地经济社会发展水平，按照保护规划，控制人口数量，改善历史文化名城、名镇、名村的基础设施、公共服务设施和居住环境。

三是在保护范围内的建设活动应当符合保护规划，不得损害历史文化遗产的真实性和完整性，不得对其传统格局和历史风貌构成破坏性影响。

四是禁止在保护范围内进行开山、采石、开矿等活动；进行其他影响传统格局、历史风貌和历史建筑的活动的，应当制定保护方案，经城市、县人民政府城乡规划主管部门会同同级文物主管部门批准，并依法办理相关手续。

五是明确对核心保护范围的保护要求。对核心保护范围内的建筑物、构筑物，区分不同情况，采取相应措施，实行分类保护，并要求核心保护范围内的历史建筑，应当保持原有的高度、体量、外观形象及色彩等。同时，对核心保护范围内的建设活动明确了审批程序，要求审批机关组织专家论证，并将审批事项予以公示，征求公众意见。

六是强化对历史建筑的保护措施。城市、县人民政府应当对历史建筑设置保护标志，建立档案。历史建筑的所有权人负责历史建筑的维护和修缮，县级以上地方人民政府可以给予补助。历史建筑有损毁危险，所有权人不具备维护和修缮能力的，当地人民政府应当采取措施进行保护。对历史建筑原则上实施原址保护，必须迁移异地保护或者拆除的，应当经省、自治区、直辖市人民政府确定的保护主管部门会同同级文物主管部门批准。对历史建筑进行外部修缮装饰、添加设施以及改变历史建筑的结构或者使用性质的，应当经城市、县人民政府城乡规划主管部门会同同级文物主管部门批准。

二　文化导向的设施更新阶段

西方城市的文化导向的设施更新阶段大致开始于20世纪70年代至80年代。这个时期许多欧洲国家面临城市中心区衰落的问题，为更新城市中心，促进城市发展，他们采取了文化导向的城市更新策略。英国在有一定文化基础地区，充分利用历史街区和建筑，如伯明翰中心区的城市翻新和改造盖茨黑德的公共空间与艺术，是用文化战略来促进城市形象的提升，以此提高投资者和市民信心由此吸引投资。"二战"后欧洲和北美进入以生产和消费为基础的良性经济增长时期，但是到70年代这种经济增长方式出现了危机，制造业纷纷衰落，而生产性服务业逐渐兴起。大量的制造业基地消失了，仅仅从1971年到1981年就带来了200万人的失业（Hall，2002），城市聚居失业人群，中产阶级也纷纷搬离，伴随而来的是原来以制造业为主导的城市，如伯明翰和曼彻斯特开始衰落。1977年英国发布《城市白皮书：内城的政策》，认为城市内城的问题事实上是城市经济的问题，从此引起了政府对城市贫困和城市经济复兴的重视。而对这种背景，城市规划也发生了很大的转变——将城市更新作为城市规划的一个目标。以英国伦敦码头区的程序为例，分为组织准备，征地、规划和基础设施完善，招商，私人部门建设等四个阶段。组织准备阶段成立伦敦码头区开发公司，拥有土地整合权（包括强制购买权）、发展控制权以及使用政府资助的权利。开发区和伦敦政府还提供教育、住房和医疗等公共服务。第二阶段进行重整土地，编制该地区的总体规划，并且提供燃气、电力和给排水等基础设施。招商阶段把可以开发的土地销售给私人开发公司。在私人部门建设阶段，吸引大量企业来此建设办公楼，借此增加了该地区的就业机会和周边地区的住宅开发。城市的更新和振兴不是仅仅有了新的形象，更重要的是要更换新的经济基础和就业机会，由此城市更新在为中心城市寻找和创造新的服务业中发挥了作用。

杭州的"运河天地"是中国城市文化导向的设施更新的典型代表。"运河天地"的前身实际为杭州城北轻纺、化工、重机等近现代工业及仓储集中区。该地区曾云集了众多大型国有工厂，例如棉纺织厂、造船厂等，记录着 20 世纪 90 年代前杭州工业时代的辉煌。随着杭州经济结构的调整和转变，该地区逐渐走向衰落，成为城市的生锈地带。2002 年，由于低成本的吸引，该地区自发形成了第一个创意产业体—LOFT49，为该地区带来生机。此后逐渐形成以 LOFT49、西岸国际艺术区、乐富·智汇园等特色园区为重要基地的"文化创意园"，随后还带动了该地区文化旅游业的兴起。如今该地区已逐步发展成为一个集休闲娱乐、创意产业、文化服务为一体的城市综合体，并统一打造为"运河天地"品牌。据统计，从 2011 年以来，仅拱墅区文创产业总量就以每年近 20% 递增，2015 年主营业务收入达 190 亿元。预计到"十三五"末，全区文化创意产业企业数将超过 1500 家，实现主营业务收入 300 亿元以上，吸引从业人员超过 4 万人。

中国的其他许多地方，例如上海的 M50、北京的 798、南京的 1865 等城市复兴地区，以艺术家为代表的文化精英成为了这场运动的领军人物和原动力，并有效地带动了附近城市空间的绅士化改造。

三　文化创意产业的兴盛阶段

西方城市的文化创意产业兴盛阶段大致为 20 世纪 90 年代，

以伦敦为代表的西方城市开始进入文化创意产业的兴盛阶段①。

英国是世界上第一个通过政策推动创意产业发展的国家，在良好的创意产业发展氛围下，自 20 世纪 90 年代末开始，伦敦政府利用了其文化、人才以及金融与商务服务的优势，促使创意产业成为伦敦缔造财富的主要产业。近年来，创意产业年均产值大约有 210 亿英镑，占伦敦年度经济总增加值的 16%，是继金融与商业服务之后的第二大支柱产业②。伦敦采取的措施主要有两项，一是政府融资支持，针对创意中小企业融资难的状况，英国文化传媒与体育部发布《融资一点通》和《创意产业资金地图》，指导有创新能力的企业和个人如何从金融机构或政府部门获得投资援助。政府直接参与创意项目的投资，用公共基金填补私人投资不足。伦敦政府资金是伦敦发展创意产业的重要资金来源，每年来自公共部门和私人部门的资金支持均可达到 11 亿英镑，政府部门的占到 77% 以上。政府提供信息支持服务。伦敦政府除通过税收政策、版权保护等措施为创意企业的市场运作创造良好的环境外，还与民间组织机构、高校、房地产商等，以伙伴关系建立了许多创意中心，为创意企业或个人提供全方位的、细致的"菜单式"的专业化服务，包括产业咨询、战略规划、市场支持、融资与贷款、知识产权咨询和风险投资来源等，指导创意企业和个

---

① 刘合林：《城市文化空间解读与利用——构建文化城市的新路径》，东南大学出版社 2010 年版，第 131 页。

② London Development agency. Creating better futures［EB/OL］. http：//www. lda. gov. uk/Documents/Creating better futures（Word）1993. doc.

人如何从金融机构、政府部门和有关基金会获得投资援助[①]；二是从 2004 年开始实施"创意伦敦"战略，维护和增强世界卓越的创意和文化中心的地位，并建设成为世界级的文化中心，伦敦特别成立了"创意伦敦"工作协调小组。该小组以政府和民间合作的方式运行，通过广泛汇集重要创意、企业的行政执行官、艺术组织和政府部门官员等的建议，以达到促进、支持和培育伦敦创意产业发展的目的。小组制定了促进伦敦创意产业发展的十年行动计划，涵盖了人才开发、融资等在内的一系列项目，包括在伦敦区域建立 10 个创意中心。

　　纽约是世界第一大经济中心，目前包括动漫、音乐、电影等在内的创意产业已经成为推动纽约经济增长的重要因素。纽约的主要措施有三项，一是政府公共资金支持，纽约政府十分重视创意产业的发展，专门设立了文化事务局，通过公共资金支持等方式，扶持创意产业的发展。文化事务局的主要职能是倡导文化艺术、提供发展资金和支持高水平的文化发展计划，其用于资助的年度财政预算，甚至超过了美国国立艺术基金会的年度预算。2006—2010 年，纽约文化事务局有 8.03 亿美元拨款用于支持全市 169 家文化机构和基础设施相关的项目，这一数字是 5 年前享受资金拨款团体数的两倍多[②]；二是多渠道、多形式的资金支持网络，纽约形成了基金会、慈善机构和个人捐助等多渠道、多形式的资金支持网络。纽约是全球基金会最为集中的城市之一，包

[①]　乐正：《深圳与香港文化创意产业发展报告》，社会科学文献出版社 2010 年版。

[②]　Munk Centre far International Studies. New York City Case Study M. University of Toronto，2006

括纽约艺术基金会、纽约城市基金、艺术家团体联邦信贷联盟、美国演员基金等，其中纽约艺术基金会是引领纽约创意产业发展的法人团体，它给予艺术家及艺术组织支持的力度超过任何私人机构组织。每年纽约艺术基金会为纽约170多个个体和组织提供大约1100万美元的拨款；三是设立专业性机构，纽约政府设立了电影、戏剧与广播市长办公室和纽约经济发展公司等更具针对性和专业性的支持文化创意产业发展的部门。纽约政府早在1966年就专门设立了电影、戏剧与广播市长办公室作为纽约市电影、电视产业的政府扶持部门，资助从事影视戏剧领域的公共、私人组织和个人。

中国的许多城市也在20世纪90年代中后期开始重视文化产业。2006年至2013年，北京市先后公布了四批共30个文化创意产业集聚区，涵盖了全市16个区县及文化创意产业9大领域。截至2013年底，30家市级集聚区内的742家规模以上文化创意产业法人单位；2016年，上海市发布《上海市文化创意产业发展三年行动计划（2016—2018年）》，进一步明确发展重点，开展分类引导，提升文化创意产业发展能级，提出了文化艺术类产业原创力激发行动、创意设计类产业驱动力升级行动、时尚体验类产业吸引力增强行动、网络信息类产业竞争力提升行动、咨询广告类产业影响力扩大行动等五项主要任务。截至2015年底，两市文化创意产业蓬勃发展，北京市规模以上文化创意产业收入合计13451.3亿元，同比增长14.0%；资产总计20140.2亿元，同比增长20.6%；从业人员122.3万人，同比增长6.2%。2015年全市文化创意产业实现增加值3179.3亿元，占地区生产总值的比重达到 13.8%，比上年提高 0.6 个百分点；上海市文创产业继续保持快速增长，实现增加值 3020 亿元，占本市 GDP 比重12.1%。"十二五"期间，上海文创产业保持健康快速发展，总产出和增加值从"十一五"末的 5499 亿元和 1673 亿元，增长至2014 年末的 9054 亿元和 2833 亿元。

我国文化创意产业园区的建设从 20 世纪 90 年代起步，到2002 年末只有 48 个园区建成，2012 年时出现井喷态势，达到1457 个，并在 2014 年时达到 2570 个园区的顶峰。2015 年全国正常运作的园区在 2506 个左右。其中由国家命名的文化创意产业各类相关基地、园区就已超过 350 个。主要集中分布于以北京、上海、广东为代表的环渤海、长三角、珠三角等东部沿海地区，形成了"三足鼎立"的文化创意产业发展格局，城市文化创意产业的集群化态势日益凸显。

按文化创意产业的布局模式，北京的 30 个园区可分为 4 类：①位于中心城区（原东城、西城、崇文、宣武四区）的有 5 个：中关村科技园雍和园区、北京 DRC 工业设计创新产业基地、前门传统文化产业集聚区、琉璃厂历史文化创意产业园、北京音乐创意产业园；②位于中心城区外围的有 10 个：北京潘家园古玩艺术品交易园区、北京 798 艺术区、北京 CRD 国际传媒产业集聚区、惠通时代广场、北京时尚设计广场、北京欢乐谷生态文化园、北京大红门服装服饰创意产业集聚区、首钢二通厂中国动漫游戏城、北京奥林匹克公园、卢沟桥文化创意产业集聚区；③邻近高科技产业园区的有 4 个：中关村创意产业先导区、中关村软件园、清华科技园、北京数字娱乐产业示范基地；④位于远郊县

（区）的有 11 个：国家新媒体产业基地（大兴）、中国（怀柔）影视基地、通州宋庄原创艺术与卡通产业集聚区、中国乐谷—首都音乐文化创意产业集聚区（平谷）、顺义国展产业园、北京出版发行物流中心（通州）、北京（房山）历史文化旅游集聚区、八达岭长城文化旅游产业集聚区、北京古北口国际旅游休闲谷产业集聚区、门头沟斋堂古村落古道文化旅游区、十三陵明文化创意产业集聚区。

上海是中国第二大文化创意产业基地，2015 年上海市文创产业保持快速增长，实现增加值 3020 亿元，占本市 GDP 比重 12.1%。截至 2016 年，全市经认定的文化产业园有 128 个，呈现出产业集聚明显、品牌化建设初显成效、服务能力进一步提升的特点，涌现出一批集团化品牌打造企业。

中国十大文化创意产业城市中，杭州也十分重要。2015 年，全市文创产业增加值达 2232.14 亿元，增长 20.4%，较上年提高 4.5 个百分点，高于全市 GDP 增速 10.2 个百分点，高于服务业增加值增速 5.8 个百分点。文创产业增加值占全市 GDP 的比重达 22.2%，比上年提高 4.7 个百分点。"十二五"期间，杭州市文创产业增加值从 2010 年的 702 亿元，增加到 2015 年的 2232.14 亿元，累计增长 114.4%，年均增长 16.5%。规模以上文创企业主营业务收入从 2010 年的 1457.62 亿元增加到 3947.89 亿元，累计增长 178.1%，年均增长 22.7%；利税从 2010 年的 174.76 亿元提高到 888.66 亿元，累计增长 449.3%，年均增长 40.6%。

四 城市文化品牌营销阶段

国外对于城市文化品牌的研究在众多学者的著作中均有所涉

及。早在 1938 年，美国学者刘易斯·芒福德（Lewis Mumford）就已在其名著《城市文化》中对城市文化进行了探讨，在这本著作中，文化成为"城市和新人类间的介质，不同质量的城市产生不同文化，而不同文化最终培育出不同的人类"①。对城市经营方面的研究，国外学者的注意力主要集中于对传统城市形象的研究和立足于城市职能的城市营销两方面，而很少涉及关于城市品牌问题方面，甚至对于"城市品牌"都没有形成一个统一的表述方式。零散的研究主要分布在以下几个方面：提出城市品牌的研究方向、探讨城市品牌营销方式、相关利益者参与城市管理的机制研究、城市品牌的吸引力及其塑造。

进入 21 世纪，西方许多国家的主要城市开始发展城市文化品牌，实施文化品牌发展战略。Raaf（2000）指出，"品牌可以增加某些国家、地区、城市和利益相关者的资产性和一致性"② Gilmore（2002）认为城市品牌定位不必一定只反映城市目前所真正提供的城市产品，也可以用城市品牌定位来指导城市的发展和提升。好的品牌定位除了要帮助城市赢得竞争优势之外，还应该有足够丰富的内涵从而可以被用于各个细分市场上，针对多样化目标群体进行细分定位③。西方城市问题研究学者还围绕城市的建设和管理机制等相关问题开展了一系列的理论研究与实践探索。

---

① ［美］刘易斯·芒福德：《城市文化》，宋俊岭等译，中国建筑工业出版社 2008 年版。

② Raaf, D. Lde Protecting Brands：How to Respond on Adverse Brand Publicity. Dissertation. Rotterdam Schoolof Management, Erasmus University. Rotterdam.

③ 钱明辉、苟彦忠、李光明：《城市品牌化影响因素研究述评》，《云南财经大学学报》（社会科学版）2010 年第 1 期。

Gary Warnaby 等（2004）认为，有效的城市管理结构框架是成功的城市策略的必要前提，尤其是在促进合作环境和适当的管理基础方面。但只有有效的当地管理是不够的，包含公共部门和私有部门的"战略网络"（Strategic networks）在发展"组织能力"上具有重要作用①。

2012 年 7 月 27 日，全球 27 亿民众再次目睹了精彩绝伦的伦敦奥运会开幕式，更对英国的创意文化软实力留下了深刻印象。以此次特别建造的伦敦奥运园区（奥林匹克园区 Olympic Park）为例，通过三年的总体规划、土壤整治、绿色建筑、都市更新及低碳技术等各层面规划，将工业污染改造成绿能，以永续生活为设计核心理念，打造 150 年内欧洲最大的新建都会公园之一，不仅保留了野生动物的家园，也改善了东伦敦的生活质量，周边的运动设施、河滨住宅、商店、餐厅以及交通，都成为日后小区环境的新标准，也创造了上千个就业机会，让为奥运赛事所有的准备与努力可以持续造福民众。我们为其展现出的艺术设计实力惊叹不已，更深切感受其从维多利亚时代迄今的英国艺术设计发展魅力。近年来，文化创意产业运用在各行各业的成功案例众多，已是传统产业转型、新兴产业发展的利器。在后工业时代，品牌是企业维系顾客忠诚度、创造企业竞争力的最核心资产，设计则是联结消费者、品牌与企业策略之间最重要的品牌链（chain of brand），企业透过艺术设计加诸于产品，产生较高的品牌价值传递给大众，并不断地向外界强化其品牌形象（brand image），强

---

① 胡晓云、郑玲玲、章品等：《城市品牌化建设主体的组织形态研究》，《广告大观》（理论版）2008 年第 5 期。

化消费者与一般社会大众的品牌认同（brand identi - ty）、创造品牌价值（brand value）。因此，在当前全球化竞争的环境中，强调如何发挥本土文化与智慧、塑造企业品牌优势的创新设计能力，是现代城市形象发展的重点。

与此同时，中国部分发达的城市与西方主要城市发展差距也在缩小，这些城市也出现了打造主题文化、以特色文化为突破构建城市品牌的趋势①。2000 年以后，各大城市不再单纯追逐 GDP 的高速增长，更关心城市的形象问题。城市在大力发展经济的时候，大量开发扩建，城市个性丧失严重，城市文化逐渐走向衰落。此时，学者开始关心"城市特色"问题，探索"城市的未来在何方"，以期改变"千城一面"的困境。

五　文化战略整合与升华阶段

文化创意产业的战略和发展需要有相关产业体系、人才系统、政策系统的基础和支撑，需要文化投融资、文化市场机制的成熟和配套，需要城市较好的创意能力、创新水平和"后工业化"的要素聚集程度，因而其成功的实施需要城市综合水平和文化发展提升到一定程度作为必要的条件支持。在文化资源、文化资本较为充分的挖掘与发展后，城市才具备足够的基础、保障进入文化城市的品牌营销与文化战略整合升华阶段。

在当前知识经济时代的世界格局下，以日本、韩国为代表的亚洲国家已经提出了"文化立国"战略，以英美为代表的国家则致

---

① 徐翔：《城市文化发展阶段演进的理论向度》，《中国名城》2014 年第 8 期。

力于发展创意产业和版权产业。中国的城市中北京是一个代表，北京作为中国率先进入后工业社会的城市之一，其城市文化战略处于整合与升华阶段。北京创建世界城市的发展规划综合文化城市、创意城市和田园城市等发展理念，进行文化立市的战略布局，定位"大文化"的发展视野，着眼于北京城市意象的重新定位，注重双向互动，通过综合认识、官民并举的战略互动，实现城市整体战略的一致性。

第二节　内部指向性城市文化战略

一　建构城市文化主题

城市主题文化，就是在多元城市文化中占主导地位并起引领和决定作用的文化。它是能够反映城市精神、城市特质的价值观念、思维方式、市民品行、人格追求、伦理情趣、建筑形态、经济环境特质资源的文化特征。它是城市发展的文化追求和精神动力。作为城市精神的主题文化，既承载城市的过去，又引领城市的未来；既有鲜明的地域特征，又有强烈的时代色彩。城市主题文化的核心思想，就是强调城市发展的整体观念，使城市发展通过系统的战略架构和可操作模式，把城市特色文化资源进行最大程度的整合，并形成一种以城市主题文化为形态和载体的系统工程发展模式。因此，战略性地选择并确定城市主题文化，首先必须要立足于城市的地域文化。城市文化不仅深受外来文化的影响，更扎根于独特的地域文化。

城市主题文化具有定位层次高、区域特色强、文化表征鲜明和文化包容性强等特征，如维也纳的城市主题文化为"世界音乐之城"，音乐使这座城市散发着无穷的艺术魅力，人们到这个城市来就是寻找世界音乐大师们的历史足迹和艺术回音；如佛罗伦萨以"世界绘画雕塑"为城市主题文化，达·芬奇、米开朗琪罗、拉斐尔等文艺复兴时期的大师们留下的绘画和雕塑，永远让这个城市充满神奇。古城西安在国内率先提出打造"东方神韵"城市主题文化，并在城市文化复兴战略上，围绕"世界千年古都，华夏精神故乡"的城市文化身份定位，启动并抓紧制定和实施西安古城"唐皇城复兴计划"，主要是根据古城的历史文化内涵，加强历史考证，确定历史遗址定位，通过历史古迹保护、历史景点标识、历史标志性建筑与街区复原等多种方式，综合融会、延续历史文脉，再现西安盛唐意象和古城风貌。

二　培育文化创意产业

1986 年美国经济学家 Romer 提出，新创意会衍生出无穷的新产品、新市场和财富创造的新机会，新创意是推动一国经济成长的原动力。2015 年，文化创意的产值达到 2.25 万亿美元，亚太地区文创产业总产值 7430 亿美元（占文创产业全球产值的33%），从业人员 1270 万（占文创产业全球从业人员的43%）。亚洲市场拥有庞大的人口驱动，诞生了很多文创产业的领军企业，如腾讯、CCTV、Yomiuri Shimbun（日本读卖新闻集团）。欧洲和北美地区是第二、第三大文化创意产业市场。拉丁美洲，非洲包括中东地区分别排名第四和第五，但文创产业玩家看到了这两个地区大发展的机遇。

"创意产业之父"约翰·霍金斯将创意产品称为知识财产，将创意产业界定为其产品都在知识产权保护范围内的经济部门。文化创意产业是一个与个人创造力和知识产权有关的概念，已经超越了一般文化产业的含义，不仅关注文化的经济功能，更关注文化创意对传统产业的渗透与融合。

创意活动已经从其他产业中分离出来，其本身成为智力型投入要素，为传统产业提供创意服务。通过文化创意产业体系对传统产业的渗透与再造，能有效支撑传统产业结构升级，提升战略性新兴产业的核心竞争力，驱动城市发展；文化创意产业与城市发展具有互动性。城市创意经营环境和创意资本基础为文化创意产业的培育提供良好的外部环境；而文化创意产业的发展又能促进各类创新资源的统筹协调与优化配置，促进形成各具特色、充满活力的城市创新系统，增强城市综合实力和核心竞争力，带动区域经济增长。

在国际上有影响力的大城市，无一例外都是文化创意产业最集中、最发达的地区。2010年科技部批准了38个城市为"国家创新型试点城市"，截至2016年，共有61个试点城市。这些城市的资源禀赋、产业结构和经济社会发展水平差异较大，但共同特征是文化产业较发达，创新资源集聚，具备率先发展和辐射带动的条件。将发展文化创意产业作为建设创新型城市的突破口，通过发展文化创意产业来提高城市自主创新能力，带动更多城市走上创新发展的道路。

三 营造特色文化场所

城市文化特色与其认同性的塑造需要系统性的都市空间策略，需要场所的物质空间、意义与语境的整合策略，而不是单一维度的塑造策略。城市文化特色的塑造往往需要立足于历时与共时维度的场所语境的塑造，即场所的时空关联性建构。

营造特色文化场所可以从以下几方面入手：一是文化遗存的保护与再利用，在城市文化特色的塑造中，建筑遗存的作用不可或缺。建筑对于传承与传播城市文化与其历史主题具有强大作用，同时对于维系群体的文化认同具有积极意义[①]。这样的历史遗存可以是纪念馆、博物馆、图书馆、名人故居、寺庙等仪式性的历史建筑，也可以是会馆、茶馆、学校、代表性的手工作坊以及具有"杰出普遍性价值"（outstanding universal value）的建筑[②]以及相关的记忆场所，这些遗存往往承载了独特的历史事件、故事。城市更新再利用时，可以通过特定的叙事方式与线索再现给参观者与使用者，使得城市文化特色得以彰显。二是历史场景的塑造，场景与其情境对于文化交流具有积极意义。在城市更新中，我们需要尽可能地保留、维护与活化历史性情节、片断性场景等，以唤起历史记忆、集体故事。必要时也可以再现，当然要规避虚假、不真实、无意义的场所编造。三是主题性道具地融入，在空间场所中设置主题雕塑、非标准化的特色街道家具、小

---

① 约翰·罗斯金：《建筑的七盏明灯》，张粼译，山东画报出版社2006年版，第159—174页。

② 史晨暄：《世界遗产"突出的普遍价值"评价标准的演变》，清华大学出版社2008年版，第61—65页。

品设施等道具，有助于提升城市空间的可识别性与人文品质，同时引发非正式的活动与行为，促进人们在街道层面的社会交往与沟通。四是隐喻性自然要素的设置，自然在景观学界被美国著名景观学家约翰·迪克森·亨特（John Dixon Hunt）分为三类：野生的自然（Wilderness）人工自然（man－made and agriculture），城镇中的花园（town garden）。他认为第三自然（即城镇中的花园）与场所营造紧密相关①。第三自然充分展现了人类改造自然的智慧，也隐含了聚居生活信息与城镇地域文化。景观设计师需要在不同的场所营造有特色的能唤起文化认同的景观。这种集体记忆可能存在于口述历史中，也可能存在于社区档案中。②

四　投资文化基础设施

加大政府对文化基础设施建设的财政投入，第一，各级政府要把公共文化设施建设切实纳入到整个国民经济和社会发展规划之中，纳入到土地利用总体规划和城乡发展规划之中。创新政府公共文化设施建设财政投入的方式，在政府的财政投入中适当引入市场竞争机制，采取诸如公开招标、委托代理、项目外包等多种途径，改革城市公共文化设施建设资金的使用和管理，根据实际绩效对项目建设和管理单位给予补贴，通过多种方式完善财政资金使用的监督管理，确保公共文化设施建设财政投入效益的最大化。第二，鼓励和引导社会资本参与城市公共文化设施建设，在

---

① John Dixon Hunt. Greater Perfection: The Practice of Garden Theory ［M］. London: Thames&Hudson. 2000: 273.

② 陆邵明：《场所叙事及其对于城市文化特色与认同性建构探索——以上海滨水历史地段更新为例》，《人文地理》2013 年第 3 期。

加大政府财政投入之外，应当积极鼓励和引导社会力量参与城市文化设施建设，通过制定和完善对公共文化设施建设进行赞助、捐赠的政策，大力吸纳民间资本、社会资本和境外资本参与城市公共文化建设的投资。应当继续解放思想，努力拓宽渠道，通过相应的政策，降低各种社会资本进入公共文化设施建设领域的门槛，大胆探索诸如股份制、冠名权、管理权等各类民间资本参与公共文化设施建设的方式和途径，充分调动国家、集体、个人兴办文化的积极性，尝试建立一种融合财政投入、文化基金、银行贷款、企业资金、证券融资、境外资金、民间捐助为一体的多渠道、多元化投融资机制，逐步形成政府投入为主、多种渠道筹措资金、多种所有制并存的城市公共文化设施建设的新格局。第三，在城市新区开发和小区建设中，一方面要按人口比例建设相应的公共文化设施；另一方面要明确文化设施项目预留用地，切实做到城区开发到哪里，公共文化设施就建设到哪里。只有做出上述具有科学性、超前性和权威性的发展规划，才能保障逐步建立文化服务健全、网点布局合理的现代城市公共文化设施体系。第四，为了能够基本满足城市居民就近、便捷地享受文化服务的需求，城市建设必须首先在公共文化设施的数量、种类、规模、布局、功能等方面根据国家的有关规定，建设一批功能齐全、设备先进的图书馆、文化馆、博物馆、影剧院、体育馆、科技馆、文化广场和会展中心，完善覆盖整个城市的公共文化设施网络。①

---

① 王维国、于笑妍、高景良、王克若、李广学、刘本台、何宪民：《"三年大变样"与河北省城市文化设施建设》，《河北师范大学学报》（哲学社会科学版）2010年第4期。

五　支持大众文化艺术

"大众文化艺术"是现代工业文明与商业化经济相结合的产物，按照现代消费产业理念与流程制作出来的一种通俗文化形式。王一川曾在《大众文化导论》中提出："大众文化是以大众媒介为手段、按商品规律运作、旨在使普通市民获得日常感性愉悦的体验过程，包括通俗诗、报刊、畅销书、流行音乐、电视剧、电影、广告等形态。"大众文化艺术具有突出的商业性、消费性和通俗性，其的传播与市场化运营密不可分，并伴随着大量文化精神产品的生产与消费。21世纪的中国，在经济全球化和世界文化共融的时代背景下，我国的文化空前繁荣。现代社会中，主导文化、精英文化、大众文化、民间文化呈现相互竞争、相互影响、吸收互补的态势。在多种文化共同发展的今天，大众文化逐渐成为现代社会的主流文化，独树一帜。

发展大众文化艺术，第一，需要立足文化大局的整体性，优化其生存发展的外部环境；要树立正确的观念，在承认差异的同时应塑造一种相互尊重、相互理解、平等对话、相互交流的环境和氛围；充分重视主流文化、精英文化的作用。精英文化是知识分子文化的主要表现形态。它具有审慎的批判性、超越的创造性，由此而使其成为新知识、新观念、新方法的创造主体，对社会发展的方方面面起到观念指导、创新驱动、理性支撑等作用；加强政治民主化建设，提倡文化评价的民主化、标准的广泛化。第二，凭靠文化的多元化，促进其发展资源的多元整合，大众文化必须依靠文化的多元化，促进其发展资源的多元整合，提升发展潜力。大众文化与其他文化的整合是多层次、全方位的，包括主流文化、精英文化、传统文化和西方文化等。努力形成世界性的时代眼光。在全球化的时代背景下，中西文化相互影响更为突出。第三，着眼人的自由充分发展，提升其当代形态的人文价值。要加强大众文化理论研究，为大众文化的发展提供理论支撑系统，在此基础上才能期待大众文化人文意境的提升。我们应使大众文化向净化、雅化、美化等方向发展：净化大众文化文本内容。从文化产品的生产到销售，杜绝消极、腐朽、罪恶的内容，引导大众文化具备净化人类心灵的作用。雅化大众文化文本形式。①

六　创新文化制度政策

思想观念创新是文化产业创新发展的根本要求，"一定的文化（当作观念形态的文化）是一定社会的政治和经济的反映，又给予伟大影响和作用于一定社会的政治和经济。"② 处理好推陈和出新的关系，是文化产业创新发展的本质要求，从一定意义上说，能否处理好推陈和出新的关系，不仅决定文化产业能否大力发展，也决定文化产业能否健康发展，是文化产业创新发展的本质要求。处理好继承和发展的关系，是文化产业创新发展的必然要求。对于文化产业创新发展来说，忽视继承和发展的关系是有害的，割裂继承和发展的关系是失败的。处理好借鉴和吸收的关

---

① 覃祚建：《如何发展当代大众文化》，《湘潮》（下半月）（理论）2007 年第 7 期。

② 《毛泽东选集》（第 2 卷），人民出版社 1991 年版，第 663—664 页。

系，是文化产业创新发展的内在要求。借鉴和吸收既是文化产业创新发展的重要方法，又是文化产业创新发展的内在要求。管理体制创新是文化产业创新发展的重要保障，健全制度保障，为文化产业创新发展营造健康环境。文化产业健康发展离不开制度保障。特别是在社会主义文化大发展大繁荣的当今时代，尤其需要制度规范、制度约束、制度护航。健全制度保障，不仅对制造乱象者给以有效约束，对违章违例者进行严格规范，而且对表现优异者实施必要保护，以免被肆意冲击、被恶意侵权、被任意捣乱。因此，尽快健全制度保障，努力营造健康环境，对文化产业创新发展极为重要。完善激励机制，为文化产业创新发展打造良好平台。创新文化孕育创新事业，创新事业激励创新文化。实施人才工程，为文化产业创新发展锻造过硬队伍。全社会有必要加快建设文化队伍，合力实施人才工程，切实培养、大胆引进、长期储备一批过硬的文化专业人才。市场体系创新是文化产业创新发展的强大动力。改革投融资机制，提升文化产业创新发展竞争力。文化市场体系的建设离不开投融资机制的改革。没有投融资的有力支持，就没有文化产业的创新发展。

第三节　外部指向性城市文化战略

一　整合区域文化创意产业

文化创意产业整合要处理好六个关系：产业适度整合与主体自主独创的关系，传统文化产品与新兴产业的关系；科技手段与产业整合的关系，生产与消费的关系，产业整合与金融支撑的关系，政府引导与市场调控的关系。文化创意产业园区是促进区域文化产业发展的重要内容，是推动区域产业升级的重要动力，是区域文化招商的重要平台，是牵动城镇化的重要拉力。

创意文化产业的自主独创精神、能力及自主独创环境、条件十分重要。特别需要有鼓励创新的宽松的社会舆论环境和条件，使之起到助推和保障作用。在文化创意产业聚集整合发展中，应该从组织、政策、体制、制度等方面为产业主体充分发挥创造力提供各种保障。在文化创意产业聚集整合中，要充分认识和遵循相关产业、行业、品牌、产品的特点，分类聚集、分类整合、分类指导、分类管理、分类经营，使各类不同行业、产品充分发挥其特有的亮点和作用。文化创意产业是 21 世纪新兴起的产业，在文化创意产业的许多行业、企业中，是以科技为支撑，以全球化为背景。在这一新的文化产业中，确实有相当大一部分行业，在运用现代科技手段，如动漫制作、网络制作。甚至有一部分行业本身就是属于现代科技手段的内容，这些行业必须以现代科技手段为基础。在创意产业的集聚整合中，就要考虑这些手段在相关行业的独特功能和要求。在文化创意产业集聚整合中，应该充分考虑生产和消费的关系，充分考虑新兴消费市场的特点与需求。需要考虑生产环节与消费环节的统筹协调，需要考虑该产业产品的销售和服务的强化发展。文化创意产业的起步、培育、成长、发展都离不开投融资，离不开金融支撑。没有投融资的发展也难以启动文化创意产业的集聚和整合。因此，应该充分利用国家和地方相关的金融政策支持措施，加大金融对创意文化产业集聚整合的支持力度。在产业起步、培育、成长中政府的引导作用和市场的调节作用都很重要。文化创意产业的适度集聚整合发展，不能没有政府的规划政策引导，但也需要市场手段，两者是互补互促的。应该科学合理地运用两种手段，促进文化创意产业的集聚整合、健康发展。

发展区域文化创意产业必须坚持集聚发展、资源整合的发展思路。要以文化资源为依托，以资本为纽带，以创意人才为支撑，以产业园区、重点项目为载体，以市场化为基本取向，进行全方位的资源整合。

一是整合好历史文化资源。在全面了解区域资源的优势基础上，以科学发展观为统领，找准切入点，对文化资源盘点梳理，整体规划，深入挖掘，科学合理开发。二是整合好资本。通过搭建融资平台，拓宽投融资渠道，建立多元化投融资机制，实现政府资金、银行贷款、民间资本、上市融资等多种途径有机结合的资本融合。三是整合创意人才资源。创意人才资源是文化创意产业第一资源。创意人才资源整合得好，才能集聚起雄厚的人才资本，增强人才资源整体竞争力，促进文化产业的发展，提升城市竞争力。通过环境引人、感情留人、项目聘人、投资育人，达到整合人才资源的目的。四是整合好载体资源。文化创意产业发展的重要载体在于文化创意产业园区、文化创意产业重点项目的建设。在文化创意产业园区、文化创意产业重点项目的建设中，要树立精品意识，高起点规划、高标准建设、高效能管理。五是资源整合市场化为基本取向。文化创意产业资源的整合不是对现有资源的简单相加，是必须按照经济发展规律办事，要以资产为纽带，以资本运作为支撑，通过市场运作和产权交易，实现文化创意产业在更高平台上的有机整合，让各种社会资源向高效文化创意产业流动。

二 设计升华城市形象

城市形象是城市整体化的精神与风貌的体现，作为城市定位的形象，它涵括了城市的整体风格与面貌，城市居民的整体价值观、精神面貌以及文化水平等。

在当今竞争日益激烈的时代，导入城市形象提升一方面有利于城市参与21世纪世界城市文化形象的竞争，增强城市的凝聚力与竞争力。尤其是在"眼球经济"时代，拥有独特的视觉形象可以在很大程度上提升城市的知名度、美誉度以及关注力，进而提升城市的综合竞争力。因此，城市文化与形象竞争已成为21世纪世界城市竞争的主要方面，只有塑造出独特的、个性化的城市文化与形象，才能产生巨大的城市凝聚力，促进人流、物流、信息流的合理流动，增强城市的交流性、竞争性，使城市在竞争中获得优势。另一方面，城市形象提升有利于创建名牌城市，加速城市全方位发展。富有特色的城市形象不仅可以突出城市独特的社会文化环境，提高识别性，而且可以为经济的发展提供良好的内部与外部环境。

城市形象提升可以从以下几方面入手：一是以产业和企业品牌塑造城市经济形象，一个城市品牌的树立，必须以一定的产业优势作为基础，即走一条大力发展本城市的优势产业，使其成为"品牌"，以产业品牌带动城市品牌的形成与发展，从而树立起具有战略意义的城市品牌。城市和企业是互相依存不可分割的统一体，企业是城市持续发展的经济基础，城市是企业生存发展的土壤；企业品牌是城市的视觉窗口，城市形象的改善会有力提升企业的品位；企业品牌可塑造城市风格，城市建设将铸造更优良的企业品牌。不难看出，提升城市形象，打造城市品牌，必须有一大批知名企业品牌支撑才能成功。因此，在当前乃至今后相当长的一段时间内，对我国大多数城市来说，把主要精力放在建设企业品牌上，尽快培育出世界名牌，是打造城市品牌的根本途径，也是明智之举。二是以精神文明建设支撑城市文化形象，精神文明就性质而言，属于城市品牌建设的软环境范畴，虽然它的可视性不像硬环境那样集中，但它却是城市品牌的精神支柱，是城市品牌得以生存和发展的重要基础。开展精神文明建设，首先要使全体市民知法、懂法、守法，使城市变成法制城市，使社会成为法制社会，使每一个人都能在安定、祥和、安全的环境下工作，使每一个企业都能在公平、公正的条件下从事生产经营活动。三是以环境优化提升城市环境形象，打造城市品牌须把环境建设纳入总体规划之中。商品品牌需要包装，城市品牌同样离不开包装。而城市环境建设不仅起着包装城市的作用，而且起着直接推动生产发展和改善居民生活质量的作用。城市环境为城市的生存和发展提供了必需的资源和条件，是城市可持续发展的重要内容。在城市环境污染日趋严重和"城市病"日益膨胀的今天，谁把城市环保质量的优化摆在重要的位置，谁就将拥有塑造城市环境品牌形象的特有优势。

三 演绎大型文化事件

大型文化事件对城市宏观经济的发展常起到一个"触发器"的作用。一个城市在获得大型节事的主办权后，会进行较大规模的超前规划与建设，从而引发巨大的自投资与自需求，同时也会吸引大规模的外部投资与需求，刺激相关产业的发展，从而使投资的影响扩展到多个行业和生产领域，各行业的利润增多，人们的收入和消费也随着增多，这样就又带动了一系列的投资和消费，导致国民收入成倍增长，形成经济增长的乘数效应。里约热内卢在2016年奥运会期间的相关产业投资对巴西疲软的宏观经济产生了一定的积极作用，这与乘数效应的发挥紧密相关。

大型文化事件的举办强化了主办地作为旅游目的地的标识性，增强了人们在该地进行商业活动的意识，增大了投资潜力。由于事件对主办地旅游形象、旅游服务能力的提升，对潜在的旅游者的爱好趋向又起到了积极的引导作用，从而直接促进了海外客源市场的增长。2022年冬奥会申办成功，极大地促进了北京和张家口旅游基础设施的改善升级，旅游资源的完整性开发保护，旅游商品的创新丰富和旅游服务的改进提升。需要特别指出的是，大型文化事件对旅游业的长期影响与媒体的作用有很大关系。Morphet指出"正如从前的明星一样，这些城市期盼的是在瞬间的闪耀逝去之后很长时间内仍能获得一种特定的尊重和承认，而媒体在塑造和强化旅游地形象上起着至关重要的作用"。

作为具有多个层面内容的人文事件，大型文化事件无疑对城市具有重要的文化价值。而在大型文化事件对城市文化影响的研究中，大型体育赛事因事件本身更富于"积极进取精神"而受到更多的关注。大型节事强烈的对外开放性，有利于促进主办城市的文化传播和地区间的文化交流，增强主办城市文化的影响力。通过举办大型赛事，主办城市将自己的文化底蕴和所取得的卓越文化成就展示在世人面前；通过游人的耳濡目染和新闻媒体的连篇报道宣传，主办地的城市文化得以迅速向外扩展，走向世界。因此，大型节事正在日益体现其作为文化节目的作用。大型文化事件也为树立城市形象和提升城市精神提供了良好的机会，它们能够巩固区域内的传统与价值观念，并且提升地方市民的自豪感与社区精神。

此外，诸如奥运会这样的大型体育事件还能够提高当地居民对体育活动的兴趣。例如，在奥运会之后的很短时间内，巴塞罗那城市体育中心就增加了 116000 个新用户。之后的数年里，市民对体育活动的参与度也大为提高。体育通过娱乐的方式增强了市民的康乐意识，带给市民一种自我满足感与成就感，同时促进了社会各阶层的互动及凝聚力的增强，从而对个人和社会生活质量的提升做出了重要的贡献。

四 全球营销文化城市

城市品牌的文化营销，某种意义上也是城市品牌建设的一种手段或一种方法。城市品牌是一种经济现象，更是一种文化存在。品牌不仅以其所依托的产品或服务的使用价值，更以其所显现的个性、所代表的理念、所张扬的精神价值来征服消费者的心智，来扩大、开拓市场，品牌的背后是文化。品牌的核心也是文化。城市品牌的这种文化性特征，其实正是识别城市的首要标识。在这其中，城市品牌文化所包容着的生活风俗、审美情趣、生活理想、精神崇尚、行为方式、处世态度等等，也正是一座城市和城市中的人的素质的综合体现。所以，每一座城市在建设城市品牌时，都需要深入研究本城市的文化个性和特色，从而做出准确的品牌文化定位。

与文化营销相比较，营销文化是城市品牌文化构建的更高阶段。它的前提是，城市品牌文化营销已经取得了很好的效果，品牌文化的体系已较完善，品牌文化的载体也较充分，品牌文化故事也已经得到有效的传播。也就是说，对于一座城市的品牌文化内涵，人们已经有很好的认识度、认知度。这样的结果，也正是文化营销所要达到的目标。在这样的文化营销的基础上，营销文化就成了城市品牌文化构建的另一个更高的阶段。在这个阶段，城市品牌本身不再只是文化内涵，而是将文化内涵附着于某些产品之上，以内涵增加产品的价值，以产品为载体销售城市的品牌文化。在这里，城市的文化内涵不只是一种精神的力量，也成了物质化的产品，就是文化产品。其实，很多城市的文化产品，已成为城市的符号产品、价值产品、内涵产品，也就是统称的文化产品。

从文化营销到营销文化，不只是词语的颠倒，而是需要在思路、策略等方面进行调整与创新。一是制订营销文化的有效策略。其核心是建立一种有效的营销模式。营销文化不同于一般的产品营销，而且这里所讲的意义，更在于将通过文化营销所建立起来的城市品牌的价值，以有效的方式转移到产品之中，从而提升产品的附加值。品牌不只是招牌，而是具有实际价值的载体。二是开发营销文化的成熟产品。营销文化，需要产品。一方面，对于原有的具有文化内涵的产品，进行提升，放到新的品牌文化体系之内。另一方面，是不断研究开发新的文化产品。这样的产品，不一定像企业那样，是生产性产品，或工业性产品，而是可以具有更加丰富和多元的产品形态。比如，一座古城，就像丽江古城一样，已成为城市品牌之下最重要的文化产品，也成为营销文化最重要的载体。到古城，人们看的是文化，体会的还是文化，但买走的是产品。三是设计城市品牌文化体验。体验式营销是一种重要的营销方式，但对于一座城市来说，体验的方式、体验的内容、体验所能传达的价值，一定需要个性和特点。同样是古城，有些城市就没有特点，古城建设了，但营销效果并不好。最近，笔者参加一个养生苑项目业态论证会，这是一个以阿胶产品为载体推出的养生文化苑，在整体的业态规划中，定位于中华养生的主题，而且设计了许多可以让人们愿意去、留下来的体验项目。让人们在体验消费的同时，体验养生文化。看起来，营销的是产品，实际上营销的正是文化。

第四节　城市文化战略理论逻辑

一　文化资本理论

文化资本理论是法国社会学家布尔迪厄在 20 世纪 60 年代末 70 年代初提出的一个理论范畴，为了更好地阐述文化资本的内容及其功能，布尔迪厄把文化资本划分为三种形式：具体化的形式或身体化的形式，这种形式直接存在于人的身体之中；客观化的形式，表现为文化商品的形式：图片、书籍、机器以及工具等等；制度化的形式，这种形式主要是指对于某种文化能力的资格认证和证明，如学历证书以及各种资格证书等凭证。布尔迪厄认为文化资本已经成为当代社会的一种重要的资本形式，对于资本主义的统治发挥着重要的维护功能。

从文化资本的经济功能来讲，当代资本主义社会中，文化发挥着越来越重要的作用，按照布尔迪厄的看法，文化是一种重要的资本，和经济资本与社会资本互相结合，同构互动，共同维护着资本主义社会秩序的稳定。文化资本在经济领域、社会领域以及符号领域都发挥重要的影响，成为资本主义社会正常运行的重要因素。

从文化资本的经济功能来讲，文化资本对于经济的发展具有促进作用，对于经济利益的获取和经济政策的稳定具有维护作用。首先，"科学技术是第一生产力"，文化资本中的科学技术与经济领域直接结合，促进了社会生产力的发展和经济的进步。其次，文化资本对于经济利益具有维护作用。第三、文化资本对经济政策的维护作用。在资本主义社会，经济发展需要一定的经济政策，经济政策本质上是为资本家服务的，文化资本在经济政策的建立过程中发挥了重要的影响。

从文化资本的阶级区隔功能来讲，文化区隔是阶级划分的重要方式，社会成员之间不仅仅是经济上和政治上被划分为各个阶层，在现实中不得不接受统治阶级的剥削，而且在文化品位上继而在心理层面上也被进行趣味区隔。各个划分的领域之间互相影响：经济和社会区隔通过权力系统作用于文化区隔系统，通过文化资本的占有来形成习性和阶级品位，也就是说，工人阶级不断地形成工人阶级的文化趣味；而阶级习性和阶级趣味对于一个人在经济领域和社会关系领域的发展又具有重要的影响，资产阶级的文化趣味由于被定义为正统的和优雅的，更有利于他们获得良好的社会关系和经济资本，因此更容易成为统治阶层，在这种经济、文化和社会因素的互动之中，现实社会不断地划分出不同的阶级和阶级趣味，并且还被统治阶级认同了自己的文化趣味和并进而认同了自己的社会身份。社会秩序就是在不断的分类和区隔系统之中得到维护的。因此，文化资本的区隔功能是阶级斗争必须重视的一个重要维度，无产阶级的解放不仅要获得经济和政治上的成功，而且还要取得文化上的成功，只有这样，才能实现人的全面而自由的发展。

从文化资本的符号暴力功能来看，布尔迪厄指出，现实中有两个社会世界：一个是客观存在的社会世界，另一个是存在于人们心智中的社会世界。通过对当代西方社会的考察，布尔迪厄揭露了建立于文化资本基础之上的符号暴力的统治，并揭示了文化生产场域（法国社会学家布尔迪厄的理论，场域不是一个实体存在，而是一个在各个个人之间，群体之间想象上的领域）和文化资本拥有者在符号暴力生产中的重要作用，在阶级社会中，正是文化资本的生产者和拥有者经过自己的文化劳动，生产出文化资本并转化为符号资本和符号暴力，有意或无意地成为阶级统治的参与人和维护者。文化资本和符号资本的生产和建构是在文化场域之中进行的，在这个场域中，存在着文化生产者的激烈竞争，都想把自己的产品即文化观点或文化理论强加于其他的观点之上，成为判断科学真理的标准，从而生产出了符号资本和符号暴力。布尔迪厄指出，正是文化生产场域的相对独立性，使得人们更容易"误识"文化或符号产品阶级性，为符号暴力提供了更加有利的条件。

二　文化产业理论

文化产业，这一术语产生于 20 世纪初。最初出现在霍克海默和阿多诺合著的《启蒙辩证法》一书之中。它的英语名称为 *Culture Industry*，可以译为文化工业，也可以译为文化产业。文化产业作为一种特殊的文化形态和特殊的经济形态，影响了人民对文化产业的本质把握，不同国家从不同角度看文化产业有不同的理解。联合国教科文组织关于文化产业的定义如下：文化产业就是按照工业标准，生产、再生产、储存以及分配文化产品和服务的一系列活动。从文化产品的工业标准化生产、流通、分配、消费的角度进行界定。

发展文化产业有着重要的意义：一是可以直接创造经济效益，运作得法的话，效益还相当显著。比如我们都非常熟悉的影视剧的发行、放映和贴片广告；再比如杂技、魔术、话剧、歌舞等商业演出；还有图书的出版发行（这方面比如湖南出版投资控股集团参展第 59 届法兰克福国际书展，开幕当天就签订了 10 项原创图书的版权输出合同，金额达到 100 万美元）；还有动漫作品的发行上映和品牌运作（这方面比如三辰集团在制作发行《蓝猫淘气 3000 问》的基础上，弘扬"蓝猫"品牌，开展衍生品生产，每年盈利数千万元），等等。文化产业属于无烟工业，同样也可以吸纳就业、提供税源，随着人们收入的不断增长、物质生活需求日益得到满足，对文化产品和服务的需求会越来越丰富，越来越强烈，文化产业所蕴含的商机，也越来越巨大。二是可以更广泛更充分地保障人民群众的文化权益。发展文化产业，对文化产品进行深度开发，进行规模化、批量化生产，对各种文化服务项目进行细分和充分挖掘，对文化基础设施建设项目进行市场化运作，能够更好地营造文化氛围，从数量上和质量上更充分地满足人民群众日益增长的文化需求。这方面很好理解，如今，电视机、手机、计算机日益进入家庭，相关的服务项目开发与生产也日益跟进，就使得更大范围的群众更充分地享受到了文化权益，精神得到陶冶，素质得到提升，人们的整体生活质量越来越高。三是可以更好地弘扬文化。文化越是得到广泛的传播，才越能够得到弘扬，越能增进不同国家、地区和民族之间的交流。各国、各地区、各民族的文化、观念都有差异，通过文化的交流能增进了解、互信、合作、和平。从中，文化也得到弘扬、创新、发展。要更好地实现这些，单靠发展文化事业，是远远不够的，必须大力发展文化产业，使文化产品和服务日益丰富，日益广泛地进入不同地域、不同国度人们的生活中。例如，美国通过把多部"大片"输入到中国，我们就了解到好莱坞电影的运作，了解到美国人那种前瞻未来、探索创新的文化特点，日本的《聪明的一休》、《樱桃小丸子》等动画片在中国的放映，也使我们了解到日本人的思维方式和生活风情。新时期，各国、各地区对通过文化产品输出来弘扬本国文化的认识越来越坚定。在中美关于恢复中国世贸组织缔约国地位的谈判中，美国就要求中国承诺，允许每年以分账形式进口 20 部电影，此外还要求中国对外国服务提供者从事图书、报纸和杂志的批发、零售业务等逐步开放市场。2016 年中国电影票房前十名中，美国片和国产片数量各为五个，这些都反映出各国注重拓展文化产业的国际市场，他们的文化产品输出过程中，也就有效地弘扬了他们本国的文化。我国也不例外，河北省在首都国际机场举办的"文化国门·河北华章"大型文化展示活动期间，外国公众对中国尤其是河北的剪纸、芦苇工艺画等民俗艺术品就表现出了浓厚兴趣，收藏、购买的意愿强烈，这也是我国发展文化产业的潜力所在，我国近年来大量原创图书版权的输出、民俗艺术品的出口等，也都发挥了弘扬中华文化的作用。

三　文化国力理论

当今世界各国的竞争，越来越重视综合国力的较量。经济、政治、文化和军事共同构成一个国家的综合国力，早已成为人们的共识。然而，随着知识经济——信息时代的来临经济文化一体化的发展趋势愈来愈凸显，成为世界性的时代潮流。文化智力优势正取代自然资源优势成为经济发展的关键因素，商品中的文化含量、文化品位、文化附加值越来越高，观念文化的凝聚作用、鼓舞力量日益突出，文化产业迅速崛起，这一切都表明文化对整个社会的文明进步将产生重大的促进作用，文化将成为人类社会发展的重要推动力。

文化国力是综合国力系统中的一个子系统，在这个子系统中，人的现代化素质，是文化国力的决定性因素；科技教育是文化国力的基础，文化事业与文化产业是文化国力的重要组成部分；可持续发展是文化国力的重要内容；民族精神是文化国力的支柱；民主与法制建设是提高文化国力的重要保障。

所谓文化国力，是指综合国力中的文化力，它相对于经济力、政治力、军事力而言，是指一个国家文化发展和文化积累所形成的现实力量，既包括这个国家文化积累和发展的现实水平，又包括它对经济、政治和社会生活等各方面的作用力、影响力和辐射力。它体现着一个国家或地区文化发展状况和文化建设成果，蕴含着推动经济发展和社会全面进步的精神力量和智力因素。具体地说，对文化国力的基本内涵，可从以下三个方面来把握：

第一，文化国力首先是标志一个国家或地区文化实力的范畴，既反映这个国家文化发展的现实水平，又表明其文化积累的程度。文化发展的现实水平可以从人们的思想道德素质和精神风貌、教育与科学的发展、精神文化产品的数量和质量，以及文化硬件设施的建设等方面体现出来。文化积累通常表现为文化传统、文化心理结构、价值观念、思维模式以及其他各种文化遗产等多种因素的长久积淀。文化是长期发展和积累的过程。文化发展离不开文化积累，文化积累依赖于文化发展；发展是积累的前提，积累是发展的基础。经济发展可以暴发，创造经济起飞的奇迹，文化发展则需要长久积累、积淀。因此，世界上经济最富的国家并不一定就是当时最文明的国家，并不一定就是文化大国。

第二，文化国力表明文化对社会要素的作用和影响，必然包括它对经济、政治和社会生活各方面的作用力、影响力、辐射力。文化具有特有的能量，总是无时无刻、无孔不入地影响、渗透到其他社会要素。文化可以渗透在技术发明和技术应用的全部过程及其成果之中，推动社会生产力的提高；可以贯穿于一切社会制度和组织机构之中，影响政治的进步；可以支配人的思想和情感，形成强大的民族凝聚力与向心力。事实上，没有哪一种人类活动、社会行为和人造物品，不蕴含文化的精神，不体现文化的力量。同其他作用和影响力一样，文化的作用力也有其同度和大小。先进的文化起动员、激励、鼓舞作用，推动社会的进步；落后、腐朽的文化起破坏、瓦解作用，阻碍社会的进步。一个社会高度重视文化建设，文化繁荣，则文化的作用力强；反之则文化的作用和影响力就弱。

第三，更进一步地说，文化国力也包括国家或民族的精神潜力和内在活力。文化力是文化赋予人类的特殊力量，它要通过人的活动去实现，本质是人的能动性、创造性的发挥。当人的这种能力还没有发挥出来时，它还只是一种潜能，一种内在活力，发挥出来才成为现实的力量，但这种潜力无疑也是一种实力。因此，文化国力应当包括其潜力以及由潜力转化为实力的机制。可见，文化国力虽不像经济力、军事力那样具有"硬"国力的特征，但仍然是一种客观现实的力量。

四 战略规划理论

战略规划，就是制定组织的长期目标并将其付诸实施，它是一个正式的过程和仪式，战略规划的有效性包括两个方面，一方面是战略正确与否，正确的战略应当做到组织资源和环境的良好匹配；另一方面是战略是否适合于该组织的管理过程，也就是和组织活动匹配与否，一个有效的战略一般有以下特点：

（1）目标明确——战略规划的目标应当是明确的。其内容应当使人得到振奋和鼓舞。目标要先进，但经过努力可以达到，其描述的语言应当是坚定和简练的。

（2）可执行性良好——好的战略的说明应当是通俗的，明确的和可执行的，它应当是各级领导的向导，使各级领导能确切地了解它，执行它，并使自己的战略和它保持一致。

（3）组织人事落实——制定战略的人往往也是执行战略的人，一个好的战略计划只有有了好的人员执行，它才能实现。因而，战略计划要求一级级落实，直到个人。高层领导制定的战略一般应以方向和约束的形式告诉下级，下级接受任务，并以同样的方式告诉再下级，这样一级级的细化，做到深入人心，人人皆知，战略计划也就个人化了。

个人化的战略计划明确了每一个人的责任，可以充分调动每一个人的积极性。这样一方面激励了大家动脑筋想办法，另一方面增加了组织的生命力和创造性。在一个复杂的组织中，只靠高层领导一个人是难以识别所有机会的。

（4）灵活性好——一个组织的目标可能不随时间而变，但它的活动范围和组织计划的形式无时无刻不在改变。现在所制定的战略计划只是一个暂时的文件，只适用于现在，应当进行周期性的校核和评审，灵活性强使之容易适应变革的需要。

战略规划是组织在分析和解读环境的基础上，产生组织战略的过程。战略规划是战略管理的一部分，战略规划最先是在工商管理领域得以运用，是现代战略管理的先导。战略规划在公共部门管理中的应用可以有以下几方面的益处：

（1）有利于公共部门的领导者和管理者应对目前及未来的几年中所面临的挑战；

（2）应对组织外部越来越不确定的和相互联系的环境因素；

（3）寻求实施上级命令和完成使命的方法；

（4）构建公共部门必须解释的战略议题，通过 SWOT 分析，公共部门可以清楚地描述其必须面对的议题；

（5）通过重审组织命令和使命、组织提供的产品和服务水平、成本和财务管理方法以找到解释这些议题的途径。

第五节　城市文化战略效应

一　空间效应

世界各地的城市政府和发展机构都越来越多地通过文化导向的行动来发展和激活城市。包括提升城市的市民认同，通过文化营销提升城市的国际知名度，推进工业衰退城市的经济发展。文化对城市发展的价值体现在文化资源、文化设施、文化产业和文化凝聚力对城市经济发展和社会文化认同的综合影响。城市文化战略的核心是将文化的多面性和多重冲突转化为视觉再现，将抽象的文化概念通过文化产品，与生态的、历史的或建筑的物质相结合，以视觉消费品的形式出现，让公众接受，并能够被展示、诠释、复制和交易。

20世纪90年代以后，中国城市政府开始重视城市文化发展及其在推动经济发展，提升城市知名度和竞争力方面的作用。很多城市提出促进文化产业、创意产业发展，打造文化创意产业集聚区、艺术区和文化休闲区，提出建设"创意城市"、"动漫之都"、"文化名城"。为了给当前中国城市文化发展提供有益的借鉴，本书回顾了国内外城市文化战略发展轨迹及新近演化趋向，在此基础上剖析城市文化战略与地方和空间的关联性，进而探讨城市文化战略对现代城市空间结构的影响。

空间不仅是城市文化战略的重要基础，也是战略实施的重要载体和物质表现。文化战略不仅促进城市空间的复兴和发展，也直接推动空间的重构。表现为城市历史文化区域复兴与废弃地区振兴，文化集聚区的镶嵌，功能空间的更迭和空间秩序重建。

从历史空间复兴来讲，早期实施的以历史文化保护为主旨的城市文化战略其直接结果是城市历史遗迹和历史街区的保存和维护。从历史文化旅游带来直接的经济效益，到吸引文化群体，集聚文化资本，乃至内城绅士化①促进地价升值，以文化为驱动力的城市历史街区的复兴获得更多的资金和政策支持。不仅是优秀的历史建筑和街区得到修复和保护，一些废弃的城市空间也被再利用，成为画廊、酒吧、演艺空间和阁楼生活场所。欧美国家二战后经历的去工业化，使得19世纪理性主义思想下建设的港口

---

① 绅士化又称为士绅化（Gentrification）或中产阶层化或贵族化是社会发展的其中一个可能现象，指一个旧区从原本聚集低收入人士，到重建后地价及租金上升，引致较高收入人士迁入，并取代原有低收入者。它是城市更新的一种方式。

区、仓库和工厂区等大量工业区和工业设施成为多余；冷战结束则使得军港、医院、驻军基地等旧的军事设施也成为多余。城市文化战略抓住后现代城市的多元化趋向和基于地点的认同需求，通过挖掘空间的符号价值并寻求新的用途，将城市废弃地区和设施转变为新的"后现代"文化空间。因此，文化战略主导的城市历史空间复兴已远远超出历史文化街区保护的范畴，是一个包括废弃地区再兴的更广泛意义上的城市空间和城市生活的振兴和发展。

从文化集聚区出现来讲，文化消费和生产活动在有限的空间范围内（通常是以步行来测量）集聚，形成文化集聚区作为城市内部具有一定组织性和标识性，对外界有着强吸引力的区域，城市文化集聚区包括以历史文化遗产为基础的文化活动与设施集聚区，文博、会展、演艺业集聚区，文化产业集聚区，都市文化集聚区。特定空间的集聚可以让文化企业从相互之间的溢出效应和协作效应获得更好的市场诉求和竞争力，同时也会得益于地方公共物品（如建筑标志、博物馆、画廊、政府资助的节庆活动等）所带来的文化效益。大的全球城市可以形成如纽约硅谷和时尚中心（时代广场南边）一样具有全球影响力的文化集聚区。一些小城市的则在中心附近形成专门化的文化产业集中区。在英美，文化集聚区已经成为城市经济发展的新模式而深受政府青睐。新加坡旅游部则划定了13种"主题魅力"区，包括"文化遗产"和"艺术娱乐"两类。城市文化集聚区政策的推进，表现出锁定空间的综合性、持久性文化经济策略取向。

从空间秩序重建来讲，城市文化战略进行着对现代理性主义城市空间秩序的摧毁与重建。同时也促成新的功能叠合，打破现代城市僵硬的功能分区格局。文化战略推动城市功能空间的城市历史遗迹被叠加上展示、消费和生产（如艺术、手工艺品、时尚设计等）功能。城市废弃工厂、码头的工业经济职能被休闲娱乐、文化创意、旅游观光等新的文化经济职能所替代。城市文化空间上的多元角色主体从事不同的活动，诠释同一空间的不同功能。以纽约的 SOHO 区为例，就艺术家而言，这里是他们的创作空间，艺术成果的展示地点，更是其生活和交往的场所；就市民而言，这是一个富含时尚和艺术的文化消费空间；而对于游客而言，这是一个富有魅力的旅游目的地。城市的中心和边缘结构发生新的转化，城市空间等级体系面临重构。城市文化战略不仅使西方国家一度衰退的城市中心得以再兴，而且使得一些边缘地区开始形成新的中心。某些另类文化空间，为了保持某种程度的特立独行，同时在租金的影响下，倾向于在城市边缘集聚，如北京的宋庄、798 艺术区，但这并不妨碍其知名度和文化地位的获取。与城市中心等级体系一致的公共文化空间等级体系在新的文化集聚区出现以后开始变得更加复杂和不稳定。城市公共空间被重新定义和争夺。城市文化战略，尤其是以经济为导向以来，一些利益集团开始借用文化之名实行新一轮的空间争夺。前两年上海淮海路和南京路为了打造所谓的东方魅力街，致力于引进洋品牌，而限制国内品牌入驻，令人担忧的是这很可能导致日益西化的、精英的空间对大众消费空间的侵占。很多商业性城市文化空间，为了"保护"特定的文化消费阶层，通过防卫人员和设施清理空间上的"他者"。即使在街道等公共文化空间上，代表着多元化的某些文化行为者（如小贩）由于不符合城市经济发展目标也常常被赶离。因此，商业和经济导向的城市文化战略正使得城市可进入的公共文化空间和文化空间的多元性面临威胁。

二　经济效应

经济指的是整个社会的物质资料的生产和再生产，指社会物质生产、流通、交换等活动。经济是人类社会的物质基础，与政治是人类社会的上层建筑一样，是构建人类社会并维系人类社会运行的必要条件。文化是一种社会现象，是人们长期创造形成的产物，同时又是一种历史现象，是社会历史的积淀物，文化的本质属性就是非强制性的影响力，是民族的血脉，是人民的精神家园。

从社会历史的发展进程我们可以总结，经济是基础，文化是核心。文化是经济的反映，一定的文化由一定的经济所决定，又反作用于一定的经济，给予经济以重大的影响。文化是经济发展的强大动力。随着时间的推进、社会的变革，文化与经济的发展相互交融，文化的经济功能日显突出，文化对经济发展的推动、引导和支撑作用已越来越明显。当今社会，文化产业作为一个国家的软实力已经成为一个国家向全世界展示自我、获取经济利益的重要途径。而文化最大的特质是具有极强的渗透性及持久性，像空气一样无时不在、无处不在，能够以无形的意识、无形的观念，深刻影响着有形的存在、有形的现实，深刻作用于经济社会发展和人们的生产生活。

文化软实力是综合国力和国际竞争力的重要组成部分，软实力是文化和意识形态吸引力体现出来的力量。任何一个国家在提升本国政治、经济、军事等硬实力的同时，提升本国文化软实力也是更为特殊和重要的。例如：韩国于1999年进一步确立了"文化立国"的国家战略，政府成立了专门的文化产业振兴机构，为韩国文化创意产业的飞速发展奠定了坚实基础。韩流极大提升了韩国的国家形象和韩国制造的竞争力，可以说，韩流文化作为韩国的"国家名片"，为韩国其他产业带来的机会和经济效益，远远超出了韩流文化出口本身的价值，已成为韩国企业投资和对外谈判时的最大助力。例如火遍亚洲的韩剧《来自星星的你》，在韩国，该剧收视率稳居同时间段收视率第一位成为韩国观众最喜爱的电视节目。在中国，这部被称为自中国拥有社交媒体以来最被热议的韩剧，剧集还未完结，在中国视频网站上的点击量便已超过10亿次，不仅普通观众深陷其中，就连一众明星也和大家一起每周苦盼更新。在"眼球"便是"经济"的时代，《来自星星的你》的巨大成功，必然将为相关利益方带来可观的广告、唱片和版权费等各类经济收入。不仅如此，凡是在剧中出现的产品，包括服装、化妆品、首饰乃至手机等等，一律都成了热卖品，甚至于被热炒至卖到脱销。在《来自星星的你》热播后不久，国内旅行社便已迅速推出了专门面向"星星迷"的韩国主题游产品。外国游客赴韩旅游的不断增长，不仅带来了可观的航空、住宿、餐饮、百货零售、娱乐和文化等相关行业收入，更创造了数量可观的新增就业岗位。可以说，韩流文化作为韩国的"国家名片"，为韩国其他产业带来的机会和经济效益，远远超出了韩流文化出口本身的价值。

三　社会效应

当今世界，文化与政治的相互作用，文化与经济的相互交融，文化与科技的紧密结合，不仅日益影响着国家软实力的增强，影响着国家的经济发展，而且也深刻改变着人类自身，影响着人类社会的繁荣与发展。文化与政治、经济、科技的融合，使其作为一个整体，在社会历史进程中，发挥着愈来愈重要的作用。

首先，文化对社会发展具有重要的导向作用。纵观人类社会发展的历史，文化对新思想、新理念、新机制的奠定和形成的导向作用十分明显。蕴含在新制度、新机制中的文化精神往往能够为新思想、新理念、新机制的建立提供强大的理想信念、道德规范、精神追求等思想支撑。文化对社会的导向作用主要体现在以下两个方面：1. 文化是人类认识和解决问题的基础。文化是一种知识体系和认知方式，提供了历史上积累下来的各种知识作为进一步认识事物的阶梯，并以特有的方式渗透在认识主体、中介系统和认识客体中，制约和规范着人类认识。不仅如此，文化还是一种解决问题的方法论，给人们提供了解决问题的思路。自然科学知识、社会科学知识、心理及思维知识，都是文化，都能起到这种作用。如能量守恒和转化定律，是前人所得的物理学知识，他为认识其他事物提供了知识基础，规范着其认知方式，并且为解决问题提供了基本思路：不要幻想能量永远做功而不被消耗，制造永动机，绝无成功之可能。2. 文化是信息记录的载体。社会的发展离不开知识的传承。分析诸种知识体系，大体有两大类，一类是把事实、经验记录下来的经验材料体系，一类是对事实、经验进行解释、整合而形成的理论体系。人们会通过语言文字或其他手段借助纸张、竹木片、骨块、兽皮、石块及现在的电脑硬盘、软盘、光盘等媒体把这些信息记录下来，为后人继承前人知识遗产，进一步研究、认识事物提供多方面的依据和基础。这两类知识体系，是文化的主体。文化实施着传递这些经验材料体系和理论体系而维持知识传承并进而维护社会历史连续性的功能。不同民族、国家的文化，这一功能强弱不等。我国自古至今，具有修史传统，历代都有起居注官专门记录国王、皇帝的一言一行，每代都会集中当代优秀史家撰写前朝断代史，学者也多爱好修史，专修通史、断代史及各种民间史书。故我国的历史记载与他国相比极为翔实，我国文化的信息记录功能显得非常强，不会出现其他国家常见的对某个国王的存在与否争论不休、对其生存年代的研究相差数百年的情况。随着社会的发展、科技的进步，尤其是进入信息社会以来，文化的信息记录功能将会越来越被人们所重视，档案管理日渐严密就是明证。

其次，文化对社会有调控和规范的作用，文化是凝聚社会的黏合剂。一个国家、民族、社区、单位的文化对其内部都有一种或大或小的向心力、凝聚力，其优秀文化会将其内部各成员凝集到一块，团结协作，形成坚不可摧的力量。以儒家为代表的中国传统文化就起着巨大的凝聚人心的作用，使中华民族具有了很强的向心力、凝聚力，长期保持了大统一的局面。党的指导思想马列主义、毛泽东思想、邓小平理论及"三个代表"重要思想的凝聚国人人心的作用，更是众目皆见的事实。众所周知，通用电气推崇"坚持诚信，注重业绩，渴望变革"三个传统；沃尔玛坚持

"尊重每位员工，服务每位顾客，每天追求卓越"的基本信仰；诺基亚信守"科技以人为本"的价值观。这些世界著名企业的独特文化无疑凝聚了其员工的人心，是其兴旺发达的重要因素。虽然文化冲突不可避免，但当面临传统与现代、本地与外来、积极与消极等各种不同文化的矛盾冲突时，一个国家、民族、社区、单位的优秀文化会对其进行整合，使其逐渐融合，形成自身新的文化体系，又起到凝聚人心的作用。佛教自东汉时传入中国，南北朝时盛行于中国后，开始与中国传统的儒教、道教产生激烈的冲突，导致历史上著名的"三武灭佛"事件。但中国本土的优秀文化又在不断整合这些文化，使其逐渐融合，在唐代中叶形成禅宗这一中国化的佛教。宋明理学援佛入儒，又援道入儒，将儒释道三教融合为一体，形成一个新的文化体系，虽然其降低了中国文化的多元化程度，一定程度上削弱了中国文化的活力，对后来中国社会的发展造成了不良影响，但在当时无疑起到了显著的凝聚人心的作用。文化图强的关键是构建起优秀的企业文化，企业文化可以把职工当家理财思想、主人翁思想、勤俭办企业思想等优秀的思想潜移默化地融合到具体的工作中去，使职工自觉或不自觉地把个人融合到集体的洪流中去。

第三，文化还有规范教化的作用。文化中包含着人生理想、社会理想及某个特定阶段、领域的奋斗目标，包含着道德规范和法律制度，具有明显的价值引导功能，也即人们所说的行教化功能或曰宣教功能，会对社会成员的观念、态度、行为产生引导作用。这种价值引导功能通过激励和约束两种途径来实现。激励就是通过树立奋斗目标，采取涨工资、提职位、示尊重、给信任、扬才能、显名声等手段将人的思想、言行引导到某一特定的方向。约束就是通过制定行为准则、规章制度，采取降工资、贬职位、示轻蔑、予贬斥、没才能、埋名声等惩罚手段来禁止人们的某些行为，借以规范人们的行为，免得其偏离既定目标。共产主义理想、全面建设小康社会的奋斗目标、中国传统道德、共产主义道德及国家通过的各项法律，规范教化功能是极为明显的。

最后，文化还具有促进交流、推动经济发展等作用。文化显露着一个国家、民族、地区、社区、单位的风格、面貌，代表着其形象，直接制约着其影响力的大小。优秀的文化会明显树立其良好形象，增强其影响力。不同国家和民族的文化具有差异性，通过文化的交流，可以取长补短，不断改进和完善自己的文化。另外，国家之间的交流往往是以文化交流为起点的，改革开放后中美两国的"乒乓外交"就是一个很好的例子。

除上述功能外，文化还具有明显的审美娱乐功能。这一功能在音乐、舞蹈、戏剧、电影、电视、美术、文学等艺术领域最为明显。人们在参与这些艺术活动、欣赏这些艺术作品时会得到美的享受，感到身心的愉悦。

第五章　城市文化建设的实证

第一节　城市文化建设的经典案例

一　城市品牌建设——"红色西柏坡，多彩石家庄"

近年来，随着石家庄多形式、全方位持续对"红色西柏坡、多彩石家庄"城市品牌的深度打造，大力推进景区项目建设，旅游服务档次和质量不断优化，石家庄城市影响力和美誉度得到大幅提升，省会形象获得社会各界高度认可，先后被评为"中国优秀旅游城市"、"中国旅游竞争力百强城市"、"全国优秀生态旅游城市"和"中国最佳文化旅游城市"。

根据石家庄市旅游局最新公布的《石家庄市旅游业"十三五"规划》，到 2020 年，石家庄将建成全国一流的旅游目的地城市、全域旅游城市、区域性旅游集散中心城市，最终将打造成京津冀世界级旅游目的地的第三极、京津冀世界旅游目的地与中原经济圈的新门户、新口岸。到 2020 年，建成千里太行、滨河画廊、大地田园、民俗部落 4 个主题风景道，两个旅游集散中心，20 个汽车营地，100 家智慧旅游企业，200 个精品厕所，形成旅游交通网、游客服务网和智慧旅游网，实现旅游项目投资累计完成 100 亿元。

"十三五"期间，石家庄主城区将打造全省旅游休闲中心，构建全域旅游中心城市，深入挖掘城市传统文化品牌与价值，融合现代新型资源业态，形成七大城市旅游品牌，实现由"旅游城市"向"城市旅游"转变。重点打造正定古城、滹沱印象、百年石门、鹿泉慢城、通航基地、都市桃源、淘乐国际七大品牌。同时，还将构建区域服务中心城市。重点培育石家庄国际会展中心星级酒店群、以健康养生主题酒店和三苏两大乡村品牌农家乐。重点打造东大街旅游文化展示街、万达休闲购物街区、富强大街花鸟鱼虫街区、红旗大街古玩街区、民生路民国文化长廊、解放广场历史文化街区、体育大街美食文化街区、跃进路工业休闲主题街区、山前大道休闲廊道等一批旅游休闲主题街区和特色旅游综合体。

太行山、滹沱河将建全域休闲走廊。按照《规划》，"十三五"期间，石家庄将全力构建两条全域休闲带（走廊）。一条是太行山全域生态休闲走廊，以太行山高速为主，以 G207、S202、S201 为辅，将太行山高速、G207、S202 及沿线区域打造成为集旅游交通、自然观光、文化展示、休闲游憩、生态保护等功能于一体的全域生态休闲走廊。另一条是滹沱河全域康体度假走廊。发挥滹沱河沿岸山水生态、历史人文、红色教育、湖泊湿地等优势，将其建成省会石家庄的生态涵养带、城市中心景观休闲游憩带、全市东中西旅游发展联动带。

培育三大特色旅游片区。"十三五"期间，石家庄还将培育西北红色生态、西南山地休闲、东部平原新业态三大特色旅游片区。西北红色生态旅游片区，包括平山县、灵寿县。以西柏坡为龙头，整合天桂山、沕沕水、温塘温泉、驼梁—五岳寨等资源，争创全国红色旅游融合发展示范区，培育国内一流的旅游目的地。西南山地休闲旅游片区，主要包括石家庄西南部的井陉、井陉矿区、元氏和赞皇，涉及仙台山、秦皇古驿道、苍岩山、嶂石岩等主要景区及天长镇、大梁江村等中国历史文化名镇名村和中国传统古村落。着力塑造"中国嶂石岩"、"井陉天下第一古道"等旅游名品牌，推动打造世界地质奇观旅游目的地和京津冀文化休闲旅游新高地。东部平原新业态旅游片区，包括赵县、行唐、新乐、晋州、深泽、无极、高邑等县市，以赵州"禅韵桥乡"为龙头精品，强化晋州"田园温泉"、新乐"文化创意"、行唐"生态枣乡"等品牌集群，建设一批新业态旅游集群。

建设十个特色旅游小镇。到2020年，争取将平山、正定、赞皇、鹿泉、栾城、藁城率先建成国家全域旅游示范区。到2020年末，西柏坡红色旅游小镇、温塘温泉度假小镇、嶂石岩红石小镇、漫山茶韵小镇、西部长青度假小镇、国御温泉度假小镇、北冶乡历史文化小镇、周家庄田园小镇、栾城航空小镇、新乐动漫文化小镇等十个特色旅游小镇将全部建成，给海内外游客提供旅游新体验。

争创三个有世界影响力的品牌产品。此外，旅游部门还将努力争创三个具有世界影响力的品牌产品。即以赵州桥为龙头，申报桥梁世界文化遗产；以嶂石岩景区为核心，申报嶂石岩地貌世界地质公园、世界自然遗产；以正太铁路窄轨段为核心，申报中国近代铁路世界文化遗产。

旅游品牌建设：到 2020 年，创建 6 个全域旅游示范县（区），两个国家级旅游度假区，16 个旅游精品景区，10 个特色旅游小镇，50 个乡村旅游特色村，200 家有一定规模的星级农家乐。

二　城市公共艺术创作——北京城市雕塑发展

在新中国成立以来的 60 年中，北京建设了一些具有首都性质的城市雕塑或公共艺术，例如人民英雄纪念碑、中国人民抗日战争雕塑纪念园的雕塑。这些大型城市雕塑历史性地反映和表现了民族国家的精神，历史性地体现了具有国家性质的身份认同和意识形态立场，也以城市雕塑或公共艺术的形式，历史性地表达了新中国对民族国家历史的理解和诠释。

《北京城市总体规划》（2004—2010 年）提出，北京要以世界城市为努力目标，不断提升北京在世界城市体系中的地位和作用。近年来，北京提出要建设具有世界影响力的文化中心城市和科技文化创新之城，为北京的文化建设提出了更高的要求。新世纪北京城市的发展以及 2008 年奥林匹克运动会的成功举办，为北京城市雕塑或公共艺术的国际化交流和发展提供了重要的契机，奥林匹克城市雕塑和公共艺术的建设，加强了北京乃至中国公共艺术与世界的互动与交流，北京城市雕塑或公共艺术的国际性和世界性都有所增强。

城市雕塑或公共艺术是北京世界城市文化建设的重要内容和重要组成部分,它不仅是城市文化的物质性的视觉呈现,同时也是城市文化精神的形象性表征。北京的城市公共艺术建设也是建构和展示北京作为世界城市文化形象、文化精神和文化魅力的重要形式。

20世纪90年代以来,北京的城市雕塑或公共艺术建设,在挖掘、利用、表现和诠释北京城市历史文化方面做了重要的努力,王府井大街和皇城根遗址公园、天桥广场、元大都城垣遗址公园以及奥林匹克功能区民族大道的城市雕塑或公共艺术,在某种意义上,都体现了用视觉艺术的形式诠释和表现北京的历史文化传统和文化精神,塑造了一些具有历史性、民族性、文化性的公共艺术空间。

北京作为历史文化名城,其公共艺术应当充分挖掘、整合、转换和利用北京丰富的历史文化资源,通过创造性、创新性的创意,把丰富深厚的历史文化资源转化为具有创意性的文化资本,在广度和深度上以公共艺术的形式表现和诠释历史文化精神,塑造具有古都特色和地域特色的公共艺术景观和城市文化空间。尤其是在北京城市空间和城市文化日益现代化和国际化的今天,对于北京作为历史文化名城的建设发展,城市雕塑和公共艺术应当,而且可以发挥更大的作用。

三 城市文化产业发展——西安"大唐文化"

从20世纪90年代后期以来,西安将文化产业作为支柱产业重点投资，优先发展，提出了"兴建一带二区三园，创建西部文化产业中心城市"的宏伟目标。2000年以来，西安的文化产业发展速度较快，一批具有现代化文化设施的重点项目相继建成。如以盛唐文化为主题的在隋唐禁苑芙蓉园遗址上建立的"大唐芙蓉园"开园迎客。它是我国第一个全方位展示盛唐风貌的大型皇家园林式文化主题公园，以"走进历史、感受人文、体验生活"为背景，从帝王、诗歌、民间、饮食、女性、宗教、科技、歌舞等方面全方位再现了大唐盛世的灿烂文明。"大唐芙蓉园"以它独特的魅力和无可比拟的历史地位，成为华夏子孙寻根追梦的文化祖庭。与此相邻的曲江池遗址公园，依托其周边丰富的旅游文化资源和人文传统，恢复性再造曲江南湖、曲江流饮等历史文化景观，再现了曲江地区"青林重复，绿水弥漫"的山水人文格局，构建集生态环境重建、观光休闲娱乐、现代商务会展等功能为一体的综合性城市生态和娱乐休闲区。

这些重点文化建设项目为西安文化产业发展注入了新的活力。依托这些特有的历史遗存资源，通过产业化、市场化运作，带动西安旅游业、文化博览业和民间艺术品业的发展。与此同时，这些文化产业的快速拉动，进一步提升了西安历史文化资源的知名度，增强了古城西安的魅力，并为西安带来了可观的经济社会效益。在城市文化定位和城市品牌建设上通过有力的宣传，使文化品牌深入人心，不仅突出了城市独特的文化特征，而且利用文化的凝聚力增强了市民的文化自豪感。还借鉴其他城市文化建设的经验，结合西安本地资源和文化特色，临潼华清池旅游风景区，利用华清池的历史文化资源和国家5A级旅游景区的品牌优势，精心打造了一部集艺术性、历史性、民族性、观赏性于一体的史诗性大型实景历史舞剧《长恨歌》。它以"旅游资源＋文化创意"的模式，提升了西安城市文化的影响力，彰显了城市个性，让西安在传统的"兵马俑"形象代表之外，又多了一项代表性的文化标志。

四　城市文化演出项目——日本各地的"祭神节"

祭神节是日本的传统节日，祭神节在日语中是节庆的意思，实际上祭神节可以被看作是日本式的节庆。祭神节是日本传统文化、宗教信仰等文化要素在现代社会的集中体现。古代的日本是以农业及渔业为主的国家，由此也诞生了对各种自然现象的崇拜。后期由于受佛教、神道、阴阳道等宗教的影响诞生了对各种神灵的崇拜信仰。这种对自然、祖先及各种宗教的敬畏逐渐发展演变成了各种民间宗教活动，而祭神节就是起源于这种宗教意义活动，是传统宗教活动的重要组成部分。尽管今天日本各地举办的祭神节已经不再具有很强的宗教意义，但在活动中依然保留着日本传统文化及民俗的特征，因此可以说今天一年四季在日本各地举行的不同类型的祭神节是日本传统节庆活动的核心，也是日本传统文化的核心。

目前日本东京的神田祭、大阪的天神祭与京都的祇园祭是日本最具代表性的三大祭节。东京的神田祭是日本东京地区市民参与最多、影响最大的传统祭祀活动。神田祭开始于1316年，早期的神田祭于每年的5月14日、15日两天举行，进入近现代社会以后受旅游业发展的影响，神田祭的时间也变为了每年5月第三周的周五、周六、周日举行。神田祭起源是为了纪念德川家康家族在神田地区所取得的胜利而举办的庆祝活动，随后在其发展过程中增加了其他的元素。目前神田祭神节的节目设置由传统舞蹈表演、神舆巡游等部分构成，在神田祭神节的第一天主要安排了传统舞蹈表演等表演类项目；第二天则是浅草四十四町所制作的各种神舆共同巡游浅草地区；最后一天是神灵乘坐的神舆在浅草地区的巡游，在这一天的巡游过程中还有日本传统的农乐及舞蹈表演。

随着社会的不断发展演变，日本的祭神节已经由具有宗教意义的祭祀活动逐渐发展成为具有现代意义的节庆活动。更值得注意的是，随着经济与旅游产业的发展，日本的祭神节同样也具有了商业功能，促进了日本各地区旅游产业及地区经济的发展。但祭神节的这种商业功能仅仅是其文化功能及社会功能延伸后的产物。这种组织形态最大限度地避免了地区传统文化过度商品化的问题，在保持了地区文化原有特征的同时为到访游客提供了一种真实性的体验，这也是祭神节能够传承并发展的重要因素之一。

五　城市文化地产项目

深圳华侨城可以说是中国文化旅游地产的开山之作。华侨城地产在深圳湾畔首先开发了华侨城及旗下四大主题公园：锦绣中华、中国民俗文化村、世界之窗、欢乐谷，以及相应的配套酒店及其他设施，然后开发运作了旅游地产的先驱——"波托菲诺"项目。如果说旅游是华侨城的树干，那么地产便是其结出的果实。构成华侨城的核心要素，除了上述旅游休闲度假项目之外，其点睛之笔，正是独具一格的旅游房地产——"波托菲诺"。波托菲诺拥有城市功能中优质的生活配套，这里是"跨界"规划的城市运营体，将地产、旅游、艺术、公共空间、酒店、创意等进行跨界关联运营。身处中国城市内文化设施最密集的社区，华侨城区域的价值进一步提升，为华侨城成为文化富裕之地做出了巨大贡献，而文化的丰盛，使高端人群聚集，形成良性循环。华侨城逐渐成为深圳的名片和人文高地，发展成高端人群聚集地。华侨城生活方式成为优质生活的代名词，华侨城阶层更成为一种社会身份的标签。对于深圳大多数人来讲，入住华侨城就是其毕生追逐的"梦想"。

武汉中央文化区位于武汉市核心地段，武昌区东湖和沙湖之间，地理位置相当于武汉市的几何中心。武汉是历史文化名城，湖北是楚文化的发源地，其建筑特色有自己独特的表现形式。武汉中央文化区规划中的"楚河""汉街"就是为了体现项目的地域特色而规划设计的。汉街的建筑风格是民国、现代和欧式风格的汇集，并规划了5个名人广场，以此纪念湖北的历史文化名人，提高楚汉文化的影响力。中央文化区按照文化旅游区、滨河商业区、高档居住及配套区三个区域组成，具有文化、旅游、商业、商务、居住五大功能。楚河汉街具有独一无二的区域资源，沿楚河、汉街布局建设有"汉秀"剧场、电影文化主题公园、名人广场、大众戏台、杜莎夫人蜡像馆、汉街文华书城、正刚艺术画廊、星级酒店、商业步行街、超高层甲级写字楼等。武汉中央文化区这一航母级文化旅游地产项目极大地改变了武汉东湖、沙湖片区的商业现状，提升了片区的商业格局，吸引本地及外地人慕名而来，到武汉，来"中央文化区"成为一种旅游时尚，中央文化区已然成为武汉最新的名片。

峨秀湖国际度假区由四川蓝光地产下属控股公司的峨眉山蓝光文化旅游置业有限公司开发，是峨眉山下的超七星级度假天堂，距离天下名山牌坊约 1 公里，毗邻成都—峨眉山城际快铁终点站，占地 8 平方公里，上千亩的峨秀湖点缀其间，严格遵循原生地貌结构，将一切设计融入自然，更大可能地还原峨眉山水天然纯粹的景观与视野，打造世界级的度假胜地。峨秀湖国际度假区总投资 100 亿元，可容纳数十万人休闲度假，恢宏打造"山下峨眉""水上峨眉"、"山上峨眉"之极致度假体验，是一个集超五星度假酒店、金顶大剧院、功夫主题公园、国际会议中心、峨眉不夜城、婆娑小镇、峨眉院子、国际小球俱乐部、高端度假物业等为一身的一体化旅游集群。

文化旅游往往通过结合现有的自然风光，进行文化方面的嫁接、再造，迅速成为当地旅游产业的重要组成部分。同时，作为文化旅游，它内部的产业优化也会更有效率。另外，它内部配置的投资型地产及酒店、写字楼等要求周边城市面貌需做一个大的改变。因此，文化旅游地产项目才成为政府、城市运营商及市民提升城市形象的最佳选择。

六 城市文化惠民工程

按照《天津市文化设施布局规划》呈现的蓝图，天津市将构建覆盖城乡的文化设施体系，不断健全公共文化服务体系，推进文化惠民工程。市、区两级财政共投入 1000 万元建成 100 家城市书吧。全市公共图书馆、美术馆、文化馆、科技馆和街乡镇文体中心（文化站）全部免费开放。从 2013 年开始每年投入 1000 多万元，支持高雅演出、精品展览和公益文化普及活动，让更多市民走进剧场和展馆。随着多项引人注目的重点文化设施的规划建设完成，以及一批文化场馆提升改造工程的推进，天津的文化生活不断绽放出新的绚丽色彩。

2016 年年初，有着深厚文化积淀、在一代代市民心中打下了深刻印记的天津自然博物馆和天津市群众艺术馆相继迁至新馆，文化服务功能得到了大大提升。试运营以来，推出的内容丰富、形式新颖的文化服务项目受到公众的热烈欢迎，在社会上产生了强烈反响。在新场馆，本市的优势文化项目长期累积的丰富内涵和活力得到了进一步释放，广大群众的文化生活得到了更多实惠。新馆充分利用现代电子科技手段，安装了观众计数系统、儿童定位导览系统、手机导览等设备，并根据新馆的结构布局增设了设备维护、展线设计、标志引导、安全保卫、志愿者等以提供高效便捷的服务，保证大量观众参观时馆内依旧可以运行顺畅，秩序井然，安全游览。博物馆具有公众性，博物馆的出发点是公众，中心也是公众。博物馆走向公共教育平台的过程，也就是博物馆向公共文化服务机构转型的过程。要从当初计划经济体制下"展示"静止不动的"文化产品"，到市场经济下提供有一定特殊性的"文化服务"，实现这样的转变，必将带动博物馆公共文化服务理念和运营机制的转变。天津自然博物馆新馆将以建设观众心目中理想的博物馆为目标，采用更适合当代社会发展的理念与形式，让天津自然博物馆发挥更大的社会功能、教育功能和公共文化服务功能，充分运用丰富的藏品及现代化的展示、传播手段，把最新的实物标本、最新的研究成果、最新的主题展览和新技术、新思维传播给公众，以满足各阶层观众日益多样化、个性化的知识需求和精神需求，建立更加开放、更加多元的博物馆科学知识传播和教育体系。

随着天津建设生态城市脚步的不断加快，自然博物馆应该大有可为。天津自然博物馆曾参与中新生态城的自然环境调查项目、配合了天津碳交易所在滨海新区落成时关于节能减排的展示宣传。博物馆面向社会服务，不仅为公众提供丰富多彩的科普展览，也为政府及有关部门提供专业服务。此外，自然博物馆迁入文化中心以后，有助于增加馆际之间的合作互助，将充分利用场外空间，将博物馆、美术馆、科技馆的资源结合在一起，联合举办丰富的活动。"自然与艺术、自然与人文、自然与科技都是相通的，比如，孩子看见了鸟的模型，还可以把鸟画出来；组织到户外摄影，还可以利用相关场馆将摄影作品展出。"

天津市群艺馆原址位于和平区睦南道，面积较为狭小，各项活动的开展受到限制。如今，新馆舍坐落在河西区解放南路与小围堤道交口处的鑫磊大厦，面积达到8700平方米，馆内拥有9间规模不一的多功能排练厅、7间现代化琴房、多间各门类培训教室、现代化的电子阅览室、录音棚、画室，还特设有1200平方米的美术展厅（非物质文化遗产展厅）。

三楼为曲苑大观剧场，古色古香的气息扑面而来。古典的八仙桌、太师椅等剧场陈设，营造出民族文化的浓厚韵味。这个剧场不定期举行本市优秀民营剧团专场演出，有京剧、评剧、河北梆子、越剧、曲艺等多种艺术门类。而二楼话剧剧场已经先后上演了《群众》《人贱人爱》等多种风格的话剧。除话戏剧、曲艺之外，他们还尝试举办了国内知名民谣乐手小皮的小型音乐会、吉他独奏音乐会和街舞剧等多种艺术形式的表演，吸引了各个年龄层的观众，特别是受到青年观众的追捧。

群艺馆五楼 1200 平方米的美术展厅（非物质文化遗产保护展厅）也对公众免费开放，全年举办各类美术、书法、摄影展览。目前已经完成《天津市美术、书法、摄影名家作品示范展》等 3 项展览。试运营期间共有 4000 多人次观众到馆观展。非物质文化遗产展厅部分也即将开放，将采取固定展和主题展相结合的方式，向公众全面介绍本市非物质文化遗产项目，让人们领略非遗项目历久弥新的独特魅力。

市群艺馆新馆在努力建设成为天津市"公众文化活动的参与中心""优秀文艺团体的培训中心""基层文艺骨干的艺术培训中心""天津乃至全国群文优秀成果的展示中心""优秀民营剧团的交流中心""公共文化服务理论研究中心及文艺创作中心""非物质文化遗产指导中心""公共文化志愿者组织中心"。相对于传统旧模式的群众文化，今天的群众文化更具开放性和广阔性。在当今形势下，如何革新观念，建设新型的群艺馆，努力提高公共文化服务能力，为社会提供更丰富、更全面的文化产品和服务，这是群文工作者面临的新课题。

天津自然博物馆新馆在建设中，大力提升了博物馆的公众意识，扩大博物馆的服务范围，改变博物馆的展览形态，提高博物馆的专业能力。通过宣传让公众了解，从而"想"进来；通过举办贴近生活、感染力强的展览，让公众喜欢而"愿"进来；通过调整思路，改变策略，让公众融入，从而将他们"引"进来，真正发挥自然博物馆作为公共教育平台的社会功能。

第二节　文化设施建设的经典案例

一　法国公共文化设施的规划与开发

巴黎的图书馆、博物馆、剧院等公共文化设施最开始都是皇室私人所有，法国大革命之后，随着教育的普及，逐渐向公众开放服务，二战爆发前，在如今的城市中心地带已经有相当规模。二战后，巴黎文化设施的建设散布在城市的各个角落，以一种渐进的过程，经过日积月累，取得了可观的效果。历任总统首先会在任期内完成一项巴黎的公共文化设施工程建设，比如蓬皮杜修建了现代艺术中心，密特朗修建了巴士底歌剧院和国家图书馆，希拉克修建了原始艺术博物馆等。其次城市破旧的历史街区中的公共文化设施更新改造也是建设的重点之一，如 20 世纪 80 年代开始进行的卢浮宫综合改造工程、2006 年改造的橘园美术馆、装饰艺术博物馆等。

1982 年分权法案确立了大区的行政地位，各市镇的权力也逐渐得到扩大，并得以更多参与到区域性文化事务中，所占的分量越来越重。这一点从去年法国文化领域公共财政补助的比例上就能看出来：由法国文化与通信部直接管辖的机构所占的可支配经费加起来，占到文化领域全部公共财政资助的 20%（38 亿欧元）。而从法国地方预算中支出的财政资助则占到了 45%（85 亿欧元），与此同时，这笔开支也占到了当年法国地方预算总额的 42.5%。

地方分权运动的逐步推进，反映在文化艺术领域，结果就是催生了一大批地区性的文化艺术节。在巴黎，由第十一区区政府举办的艺术节（ONZE BOUGE）便是分权的产物，这个艺术节每年 6 月举办，舞蹈、舞台艺术、街头艺术、音乐现场在十一区区政府管辖的范围内多点开花，且以露天和动感的表演为主。去年参加这个艺术节的街头表演团体"1 瓦特"带着观众在让－皮埃尔·丹波大街上进行即兴表演，甚至在十字路口和过往的车辆玩耍。这个艺术节的所有演出都是免费的，背后的道理显而易见是有了更多能支配的资金，地方政府能办的活动也就会更多更好。

在资金充裕的情况下，巴黎的地方行政长官在文化艺术领域显得极其开明和具有想象力。如今在巴黎市中心最繁华的里沃利商业街上，矗立着一整栋楼的艺术家工作室。在 1999 年，这栋楼在被三个艺术家开发之前，已经被里昂信贷银行和法国政府废弃了十四年，但这个叫"59 Rivoli"的艺术家工作室群落所采用的策略非常好，从一开始就让所有工作室对外开放，第一年就把这里变成当时巴黎参观人数排名第三的艺术场所。影响力最终换来了政治人物的支持，巴黎市政厅和时任市长贝特朗·德拉诺埃拍板掏钱买下这栋楼，让艺术家永久使用。这个被 ZARA、H&M 等主要快速消费品品牌商店环绕的艺术奇景才得以保存至今。

分权的另一大好处是各个地方行政机构都能执行更为灵活的文化政策。拿巴黎来说，街头涂鸦文化是这座城市不可或缺的一部分，但法律对街头涂鸦有严格的规定，如果未经许可在公共设施或者私人建筑上涂鸦属违法行为，而临时建筑不在此列。也就是说，街头艺术家们大约只可以在建筑工地的外墙或废墟上肆意创作。但在移民较多、文化多样的十八、十九和二十区，区政府对街头涂鸦的态度就相对比较宽松。2015年，二十区区政府索性把美丽城（Belleville）一段绘满了涂鸦的闹市街区辟为旅游景点。在艺术氛围浓郁的十一区奥贝尔康普大街和圣莫尔大街拐角处，一整面墙被政府批准成为获邀前来的涂鸦艺术者的创作地点，由法国街头艺术家让·福歇（Jean Faucheur）创立的街头艺术协会进行管理。而蓬皮杜现代艺术中心所在的三区，因位于市中心，每天要接待数不清的来自全世界的游客，区政府对街头涂鸦的态度就相对保守，为了解决蓬皮杜右侧斯特拉文斯基广场周围杂乱的涂鸦，区政府索性以涂鸦治涂鸦，请来街头艺术家杰夫·艾荷索罗创作了巨大的涂鸦作品《嘘！》。

分权之后，由中央预算分配到文化领域的经费大部分被集中用于国家项目，2013年的30亿欧元预算被按比例分配到了文化遗产、创意产业、文化普及和知识传播、文化研究和文化科技研究、地方图书馆的行政管理和招考，以及国家图书馆的藏书和技术费用等六大领域。在拨给创意产业领域的7.75亿欧元预算中，对舞台和各种演出项目的资助占到了92%，而美术类只占到8%，正是因为这样，位于巴黎市区的五家国家级剧院——巴黎歌剧院、法兰西喜剧院、夏悠宫国家剧院、科林尼国家剧院和奥德翁剧院才能获得每年最高9900万欧元、最低890万欧元不等的财政资助，以保证戏剧的质量以及将门票价格控制在每张30欧元以内。另一些经费则被投入到地方政府举办的各种文化活动中，这些只占不多的比例，但与地方政府签下合约，就是国家以契约的方式保证这些文化活动的持续和稳定。

地方分权之后的法国文化系统并不是中央归中央、地方归地方的各自为政，而是有一套自上而下又自下而上的完善系统。这必须感谢1959年上任的法国首位文化部长安德烈·马勒侯，正是他完善了文化部的管理体系，在1969年开始尝试建设地方文化管理机构。不过直到1975年，文化部与各地方政府签署"文化发展协议"后，这些地方文化管理机构的角色才最终确立。1977年，大区文化事务局正式建立。在巴黎市所在的法兰西岛大区，大区文化事务局就是文化部在法兰西岛大区的代表，负责督促国家文化政策的贯彻执行，落实国家对地方文化项目资助，以及为地方政府和文化机构提供咨询指导等。巴黎市的文化事务局担负着同样的职责，只是监管范围不同。

法兰西岛大区文化事务局对接着文化部管辖的五个公共文化机构：国家电影中心，国家图书中心，国家歌曲、合集和爵士乐中心，国家保护性考古研究所和国家古迹中心。这五个公共文化机构每年都有一笔固有税收可用，2013年这笔税收高达8亿欧元。根据五个机构涉及的范围，其分别来自电影票包含的税收、图书和印刷品包含的税收、演出场地租赁费用包含的税收。国家保护性考古研究所的收入来自其所属不动产项目包含的税收。最为特别的是国家古迹中心的收入，来自法国国家彩票包含的税收。这些税收都不必经过国家预算，而是直接拨给这些机构，其中收入最高的国家电影中心去年拿到了7亿欧元。

如今，巴黎是世界上人文气息最为浓厚的城市之一，城市中的公共文化设施多达 364 个，其中博物馆 134 所，剧院 141 个，市属公共图书馆 64 座。市民出门 15 分钟即可步入图书馆，参与各种文化活动被看作是日常生活的重要内容。

二 纽约林肯中心

20 世纪 60 年代，美国各大城市纷纷兴建表演艺术中心，其中坐落于曼哈顿的纽约林肯艺术中心是汇集了剧院、歌剧院、音乐厅、室外音乐厅的文化中心。这里起初是城市中破败的贫民窟，在 20 世纪 50 年代美国城市更新计划时期，成为音乐界的中心地。林肯中心公共文化设施建设从 20 世纪一直持续到现在，并仍处于不断更新的过程中。1950—1960 年以开发为主，1970—1980 年对主体建筑进行翻新，到 20 世纪 90 年代为满足不断提高的需求又嵌入了新的公共文化设施，进入 21 世纪以扩张和第二次翻新为主。

如今，作为纽约古典音乐界的中心，林肯中心已经成为所有艺术家憧憬的舞台，12 个世界顶尖的表演团体以此为驻扎地，提供 5000 多个表演项目。林肯中心周边交通便捷，可通过地铁、火车、公共汽车等多种方式到达，每天接待大量市民和游客。

三 东京六本木新城建设

六本木新城位于日本东京的闹市区，于 1986 年由日本森大楼公司主导开发，总建筑面积 78 万平方米，历经 17 年完成建设，是日本目前规模最大的都市再开发计划之一。规划和开发考虑到人们工作和生活的多重需求，在建设中融入了文化、生活、商业、休闲等多种功能。新城中引人注目的公共文化设施包括：森艺术中心——六本木综合开发项目的"文化都心"象征，由美术馆、展望台、会员俱乐部、会议论坛等组成；样树坂综合体与露天剧场——集聚了影院、时尚商店、露天剧场等商业艺术文化的场所。

如今，六本木新城已成为日本东京一个具有文化品位的城中城，新城的交通与地铁和公共交通紧密结合，并配有多个停车场和机场区间车。

第三节 城市文化战略实施策略

一 保护历史文化资源

动态保护，合理利用，保持历史文化资源的生命力，是现代社会有效保护城市历史文化资源的重要理念基础和实施前提。许多城市的历史文化资源不断遭到破坏和丧失，忽视保护固然是一个因素，但并非全部因素。今天，在观念上，历史文化资源保护的重要性已经获得越来越高的认同，但这远远不够。城市历史文化资源的保护和利用必须符合城市建设的诸多社会和技术要求，创造一个适应现代生活方式的永恒的活力来源；现代城市强调功能，而历史文化资源提供了充分的视角和心理上的美感及丰富的文化内涵，积极的动态保护和合理利用，就是将功能和审美有机结合起来。在这方面，新加坡的城市保护工作提供了十分有益的经验。经过整治的历史地段，不是仅供参观的历史建筑样板，而是可以供城市居民居住和从事商业服务活动的场所。

整体规划，分类保护，分期实施。长效的整体规划不仅是现代城市发展的规划通则，也是历史文化资源保护的一般做法。整体规划的前提是，每个城市必须详细掌握历史文化资源的数量、分布及其价值等，这方面的信息多通过资源调查获得。对历史文化资源进行分类，制定不同的修复保护和开发利用方案。例如对于历史建筑的修复保护，可以划分为修复、修复和改善、改善、局部改造、改造、拆除后重建、拆除后不建、外观受到限制的新建等；单体建筑、建筑群以及相关环境的保护也需要根据实际情况分类细化。在其开发利用方面，可以根据其建筑的结构性能、承载能力、所处地段等多种因素，注入适宜的现代功能，进行既不妨碍保护又彰显其价值的利用。如意大利维罗那的古斗兽场，始建于罗马帝国时代，1913年开始用作露天歌剧院；巴拉比埃宫殿于1980年开始改建为会议中心；奥地利维也纳的老皇宫被用作国家图书馆，晚上举行小规模的音乐会；德国纽伦堡的护城河内，安排为居民休息的绿色下沉空间，与地铁、地下过街道相连，一年一度的啤酒节也在这里举行。历史建筑被改建为题材广泛的博物馆也是一个很好的开发利用方式，不仅发挥了其文化传承价值，还能够成为很好的旅游景点。

开发新区，保护旧城，以开发促保护，为历史文化资源的保护置换空间，有效解决保护与发展的空间之争，也可以有效解决人民生活水平的提高与历史文化资源保护的尖锐矛盾。世界上保护完好的历史文化名城，几乎无一例外地进行了大规模的新城开发。新区的开发必须目标合理、规划科学，合理的目标就是建成与旧城联系密切且便捷的、现代化的城市综合功能区和第一生活圈，而不是一个单一功能的卧城或者单一功能的集中厂矿区。综合功能区就是必须注重新区土地使用功能的适当混合，将生产性用地、第三产业用地和居住用地合理配置，在保证居住区环境质量的前提下，几类用地组团之间应尽可能接近，以缩短居住地和工作场所的通勤距离，降低居民工作、学习和生活的时间成本。第一生活圈就是各类生活服务配套齐全的城区，旧城一般已经成为第一生活圈，这也是旧城人口眷恋旧城的重要原因。新区建设如果从总体规划开始，就以建设第一生活圈为目标，并且适度提前进行生活配套，加之新区房价相对便宜、且住宅质量高、居住环境好等在旧城难以具备的条件，新区对旧城人口一定具有相当的吸引力。

设立专门的机构，健全相应的法规。现在中国的城市还没有专门负责历史文化资源保护的机构，文物局掌握较为充分的信息，同时也负责各级重点文物保护单位的文物保护工作，但文物只限于静态的、而且是"点"式的保护，对于这个城市历史文化环境和整体氛围则无力涉及。规划部门并没有专门针对历史文化资源保护和开发利用进行全面系统的规划。因此，应当在现有的建设部门下设一个专门机构，由文物部门、规划部门、文化部门抽调相关人员组成，负责城市历史文化资源调查、信息管理和发布，配合规划部门，对城市历史文化资源保护和利用进行系统的规划，并制定相应的设施方案。同时，必需建立健全相应的法规，为历史文化资源的保护和利用提供充分的制度保障，按照城市现代化建设与历史文化资源保护及利用的共同要求，对城市建设行为进行规范管理。

二 营造特色文化空间

特色文化是在一定范围内，具有地方特色的文化。它以特定地域空间为载体，通过长时间的积累形成的相对固定的习惯、风俗、行为方式等。特色文化的发展是保护和利用文化资源、实现保育文化、改善当地居民生活的目的。

从西方来看，区域特色文化的表达方式比较多，通常有生态博物馆、民族文化生态村、国家公园等。以欧洲为例，20 世纪70 年代初，法国索勒特索煤矿区就建立了戴瓦兰生态博物馆，建设目的是保护和传承该地区的工业文明。20 世纪八九十年代日本和台湾兴起了造村和社区运动，日本因农业人口流失严重，所以提出一村一品口号，打造乡村特色，吸引旅游资源；台湾通过"人、文、地、景、产"等核心理念，发展社区旅游，以传承和保留社区文化。

城市特色文化的营造是以整体的城市物质空间美学个性作为规划导向的研究、安排与控制，其工作大致包括：研究城市自然生态、都市格局和景观风貌的特征关系，对城市的特色资源进行挖掘提炼，在城市总体规划指导下，依据空间景观规划、历史文化名城保护规划、城市总体设计、城市绿地系统规划等相关专项规划以及专题研究，梳理城市特色空间资源，协调城市空间特色的相互关系，提出空间特色塑造的目标与方案，为编制详细规划、城市设计和建筑设计方案提供指导。

城市空间特色文化分析研究。包括对城市历史文化研究、城市山水环境研究和城市空间景观特色构成等方面的提炼和归纳。整理城市空间特色资源，对其空间分布、特色价值等进行分析评估，剖析其中驱动机制和影响重要度，并对未来追溯探寻和分析比较空间特色，挖掘和培育未来城市特色空间以及发挥规划控制与引导作用的技术手段更为重要。同时，城市民众对城市空间特色集体心理认知存在很强习惯，新规划的特色空间如果缺乏足够的文脉认同，将导致特色空间体系的发展存在很大的不确定性。面对城市空间特色的多层次、大规模、不确定性等特点，需要分析和总结城市空间特色形成的规律性与主导动因，同时承认其形成与演化背后的多种不确定要素的影响，进而通过引入适当分析方法与相关分析模型的建构、比较与发掘，综合市民、规划管理者，专家等主客观评价，针对性地提出具备可实施性的技术方法与成果，尤其是与规划管理直接衔接的城市空间特色要素的控制与引导，在技术层面上形成对解决城市空间特色的规划途径的理性回应。

三 发展文化创意产业

充分依托当地的优势文化资源。国内外的发展经验告诉我们，文化资源是发展文化创意产业的重要依托。一个地区在历史、人文、教育、景观等方面的优势资源，可以为当地发展文化创意产业提供丰富的文化、人才和技术基础，进而帮助形成本地文化创意产业的竞争优势。而对于我国，经过几千年的文化发展与传承，在各个地方都已经形成了独具特色的地方文化。因此，我国的各个地方政府在规划和发展本地文化创意产业的过程中，就应当充分依托本地的优势文化资源。一方面，需要充分保护、挖掘和开发本地的优势文化资源，另一方面，需要对当地的优势文化资源进行不断整合和重点开发，形成该城市或地区文化创意产业的整体竞争优势。

优化当地知识产权保护环境。文化创意产业作为一种知识密集型的产业，政府对于知识产权保护力度，对于文化创意产业的经营与发展具有非常重要的意义。只有当文化创意企业的知识产权得到有效保护的情况下，企业的投入回报才能得到保障，各个文化创意企业也才能具有不断开发和创新的动力。因此，我国政府应当采取多种措施，完善我国知识产权保护的法律体系建设，加强宣传力度，积极推进知识产权保护法律法规的贯彻落实，加大对盗版侵权等违法行为的监督和打击力度。

文化创意产业的市场化引导。文化创意产业作为一个新兴的产业，在其前期的发展过程中，离不开政府的规划和扶植，但是一个产业的真正成熟，并形成自身的竞争优势离不开市场化的开发。因此，我国政府在规划和扶植文化创意产业发展的过程中，应当及时转换自身的功能和角色，将文化创意产业的发展思路由"政府经营"转向"政府服务"，注重文化创意产业的市场化引导，一方面，应当加强我国文化创意产业资源和文化创意产品的市场体系建设；另一方面，应当不断规范我国文化创意产业市场竞争环境，使我国的文化创意企业在合理有效的市场竞争中不断提高自身的经营效率和竞争优势。

推动文化创意产业的集聚区建设。当前，我国的文化创意企业绝大多数是中小企业，自身技术和资源实力有限，随着行业技术更新速度加快，新技术、新产品的研发必然受到自身资源、信息、技术和市场等因素的制约，风险较大。而由政府进行规划和组织建设的文化创意产业集聚园区则是将同一类型的文化创意企业进行整合，充分发挥文化创意产业的集聚效应，提高整个文化创意产业的规模实力和经营效率。一方面，在文化创意产业集聚区内的企业能够实现优势互补，可以最大限度地整合和共享资源，进而形成整体创新网络，提高产业的整体实力；另一方面，文化创意产业集聚区可以将与文化创意产业相关的企业、大学和科研院所等主体联合起来，更加有效地促进各个主体之间的技术和市场信息的交流，提高文化创意产品研发、生产和销售的效率。

四　建设各级公共文化服务设施

建立健全公共立法，使政府和社会对公共文化的投入机制在法律的保障下长效运行。法律体系是一个由不同部门和不同层级的法律规范组成的有机统一体，作为整个法律体系的一个分支，公共文化法律内部也应有自己的体系框架。公共文化立法应当在两个层次开展。第一层次是公共文化领域的基础性法律，它们是发展文化事业，保障公民文化权益的要求的具体化。主要是公共文化事业促进法，文化事业促进法的宗旨是把社会主义文化事业发展的指导思想和原则，国家的公共文化政策、公民的文化权利和义务等法制化，确立促进文化事业发展的基本法律制度。第二层次是公共文化专门法，一是保障文化领域的各项事业的发展的法律。具体有文化遗产保护方面的法律，如《文物保护法》、《非物质文化遗产保护法》。二是促进文化公益事业发展的法律，可以考虑的有《图书馆法》、《博物馆法》和《公共文化捐赠法》等。

完善绩效评估与问责评估机制。提升公共文化服务质量必须加大监督管理力度，公共文化服务绩效评估机制既是反映公共文化服务质量的有效手段，也是监督管理公共文化建设的重要措施。为了保证公共文化建设的质量和效率，发达国家都有一套健全的公共文化绩效评估机制作为保障。因此，建议完善公共文化绩效评估机制。设立一套科学完整、尽可能量化且专业的评估指标体系，以问卷、电话等调查方式面向公众开展民意调查，实行定性与定量相结合的动态式管理，了解公众对政府公共部门的工作效率、服务质量的满意度。评价指标体系是对工作进行数据分析、量化考核、绩效评估的统计指标体系，是规范管理的科学依据，设置的评价指标体系应当包括发展规模指标、政府投入指标、社会参与指标等，监督评估结果要与相关责任机构主要负责人的业绩报酬和升迁挂钩，通过问责和奖惩机制，确保群众对公共文化服务满意情况进行问责、提出质询、要求改进等权利。

逐步实现社区文化中心连锁化、个性化和形象化。中心连锁管理的显著特点就是统一产品，统一服务，满足各门店群众需求。社区文化中心连锁管理总部可以统一创新文化产品，统一设计特色文化服务，然后推广于各门店；反之，各门店可以及时反馈群众信息，连锁管理总部综合各门店的优秀意见进行文化产品和服务改进或创新，及时推出群众需求的文化产品和服务，让连锁管理各个文化中心共享，这样有利于加强和提高社区文化中心的服务效率和效果。由于连锁管理模式实现管理的规模化，规模化就会带来若干规模效益。连锁管理的统一性主要表现在管理理念的统一、识别系统的统一、产品与服务的统一，三方面内容统一于各门店，覆盖不同区域，不仅使连锁社区文化中心在视觉上冲击各区域的公共文化参与者，在理念、产品、服务方面也给群众以强大的冲击力，形成一种品牌优势。另外，把一切工作都尽可能地细分，表现在总部与各社区中心门店的专业分工，也表现在各个环节、岗位、人员的专业分工上，既有纵向专业分工，又有横向专业分工，实现"专业化"管理；同时要求一切工作按照规定的标准去做，使每一个部门、环节、工作人员、门店都按统一的标准执行运作，实现"标准化"管理。

五　组织大型文化事件

大型活动通常是指根据某一主题在某一城市举办的具有相当规模和影响的阶段性公众事件。世界范围没有哪一年不举办大型活动，如2016年的里约奥运会、澳大利亚网球公开赛、武汉国际马拉松赛、法国网球公开赛、欧洲杯足球赛，以及戛纳电影节、奥斯卡电影颁奖、格莱美音乐颁奖等等诸如此类的艺事、节庆、会展、论坛活动不胜枚举。无论哪个城市举办大型活动，必然是这座城市的集体狂欢和集体参与，它会最大限度动员城市市民，以特定的行为方式介入，统筹城市各种元素，调剂城市各个层面，在这一阶段，城市的组织秩序、管理协调、经济实力、文化修养、生活水准以及市民素质等都得到充分的体现，这是城市能力的检验和释放，也是城市个性的丰富和张扬，大型活动的袒露和开放，不可掩饰不可磨灭地会打上这座城市的烙印。在提升城市知名度和附加值的同时，无疑会催化和推进城市的某种特质，形成城市空间新的表现形式和形象特征。如巴黎举办世博会留下了埃菲尔铁塔，北京奥运会留下了鸟巢，上海世博会留下了中华艺术宫，这些大型活动的遗留物，日后都成为城市的地标性建筑，为城市的特色文化增添了浓重的一笔。

可以发起和申办的具有全国性或具有一定国际影响的大型文化事件，对扩大城市知名度和影响力，展现城市文化特色具有积极推动作用。同时，也促进大型文化体育场馆建设，促进文化产业发展交流，从多方面推动城市文化战略的实施。如南昌市 2011年承办的第七届城市运动会，沈阳市 2013 年承办的第十二届全国运动会，南京从 2001 年开始连续举办了 16 届南京文化艺术节，从 1996 年开始连续举办了 20 届中国南京国际梅花节。杭州市举办 G20 峰会、乌镇举办世界互联网大会等，上述文化事件都具有一定的规模、知名度和影响力，有利于建设文化名城。

六　扩展文教科研机构

深化内部改革，完善管理制度。由于科研工作的特殊性，目前各类教育科研机构的管理是比较有弹性的，相对有点松散。这种情况下，机构的有效运作和管理制度的完善更为重要。人力方面，各研究室及业务部门的设立、人员的调配可以根据单位情况及地方教育实情来统筹安排，但专业领域的用人最好能仔细考虑专业研究人员的专长，忌舍长取短，同时在招聘新的人员时力求遵循因岗求贤、因需引进的原则，否则容易造成人才的巨大浪费；健全分配激励制度，遵循效率优先、兼顾公平、多劳多得，不劳不得的原则——一个单位的积极性高低在很大程度上取决于其分配激励制度是否积极合理；健全民主决策、民主监督制度，发扬职工的主人翁精神；组织丰富多彩的工会业余文化活动，关心和提升职工生活质量，建设积极的组织文化等等。只有从多方面进行努力，机构的活力才能迸发出来，也才能将本来松散的力量凝聚起来，做起事来才能游刃有余、无往不胜。健全科研制度，规范科研管理。在制度方面，地方教育科研机构要协助有关部门建立和完善教育科研相关政策和管理机制，如教育科研政策导向机制、资金支持机制、激励保障机制、组织管理机制等等。在科研管理方面，一方面地方教育科研部门要重视宏观的、战略的管理，从宏观上考虑如何使有限的科研资源优化利用，争取出最大教育效益与社会效益；另一方面要强化教育科研中课题管理、队伍管理、信息管理、活动管理和成果管理的常规工作。同时地方教育科研机构可以组建地方教育科研信息网或教育信息中心，及时发布教育科研动态，交流课题研究经验和推介科研成果，为学校和教师的科研活动提供信息资料和科研技术支持。

树立品牌意识，提供专业服务。作为一个组织机构，要想有长远的发展，必须有几个权威"产品"，也就是说要有自己优于别人的品牌。地方教育科研机构是教育科研的专业机构，完全可以通过提供专业服务打造自己的品牌。至于打造何种品牌，要根据自身的强项和实力来定。如果心理辅导咨询方面实力强，可以尝试打造面向社会的心理咨询服务品牌；如果取得某项重大教育科研成果，那么可以在将其推广应用的过程中树立项目乃至单位的品牌等等。

第四节　城市文化战略效应分析

一　空间效应

城市文化战略能使城市空间块状拓展。以南京市为例，以高校建设新校区为主体的文教科研机构向城郊地区扩展，以及奥体中心建设带动的河西新城区开发，促进南京城市空间呈现块状大幅拓展。由大型文化体育场馆设施建设推动的河西新城区建设使得原先团块紧凑的城市空间连片拓展。原先位于城郊的江宁、浦口和仙林地区凭借大学城的建设以及与之关联的科技园、高新技术开发区建设而成为南京城市空间外扩的三大触角。南京城市用地规模大幅扩张，城市建成区面积由 2000 年的 300 平方千米，增加到 2015 年的 923.8 平方千米。河西新城区和仙林、江宁、浦口地区是城市用地扩张的主体。仙林大学城规划占 47 平方千米，江宁大学城占地 30 平方千米。加上市区内优质中小学教学资源在大学城建立分校，进一步刺激周边地区的房地产开发，促进城市居住生活空间向这些地带延伸。

城市文化战略能使城市魅力空间再现。通过对历史文化遗产的保护，历史文化资源的再开发，以及景观和空间的整合，将历史文化重新展示在世人面前，形成文化意义鲜明，富有场所感的城市魅力空间。以南京为例，目前，南京基本形成了由明城墙、护城河与秦淮河组成的环绕老城的带状文化边界空间。由分别代表南朝文化、明代文化和民国文化的中华路、御道街和中山大道组成城市历史文化轴线。由城东的明故宫片区、城南的秦淮片区、城北的盐仓桥片区和城中的山西路片区构成城市四大历史文化片区。其中，明故宫片区以三大殿遗址和明御道街所代表的明文化空间与原中央博物院旧址、国民党中央监察委员会办公楼旧址等优秀民国建筑集中分布的中山东路所代表的民国文化空间组成；秦淮片区由"十里秦淮"、夫子庙、中华门、东西长干巷传统民居等著名历史文化空间和民俗文化空间组成；盐仓桥片区由中山北路沿线和下关大马路及滨江路优秀民国建筑构成民国文化空间；山西路片区的行政机关、高校科研院所和颐和路公使馆区较好保存了民国优秀建筑群落。上述文化空间已经成为南京旅游线路上的重要魅力点，每年吸引大量游客。

二　经济效应

城市文化是城市经济活动的助推器而经济的发展又可形成其文化特色，两者之间是一种相辅相成的关系，是不可分离的。城市经济活动无不体现着城市文化内涵，除文化产业本身之外，没有任何的文化不是同经济相连在一起的。城市文化渗透城市经济的各个领域。如饮食文化、企业文化、酒文化、茶文化、服装文化、旅游文化等等。城市经济的各个领域无不渗透着我国传统文化的影响，城市文化在城市经济发展中的地位和作用越来越突出和明显；从企业的经营理念、管理方式，到消费服务的各个方面，都展现着中国的文化传统。如在经济交往中注重信誉、倡导团队精神、弘扬群体主义，主张以和为贵，以情感人、以理服人等等，都是中国传统文化理念的体现。城市文化，对城市经济发展起着提升和推动的作用。

城市文化是城市经济品位提升的基础。城市文化融入经济活动之中，可以提升经济的价值和品位，以形成行业特色，可增强吸引力，推动消费，增加经济的总值。从某种意义上，城市文化是城市经济发展的内在基础。如西安改革开放以后，尤其是兵马俑的开掘与展出，引来大批外来投资，带动整体经济的发展。应该说西安经济的快速发展，是这座古城都市文化引发和促进的结果。北京、桂林、杭州、上海、青岛等城市，无不与文化带动和引发有关。城市文化是城市经济吸引力与辐射力扩大的基础，是支撑城市生存、竞争和发展的巨大动力和无形资产。

城市文化是城市个性和特色形成的条件。城市个性与特色，是与民俗风情，文化的沉淀分不开的，也可以说城市文化是城市个性与特色形成的条件。北京是中国的首都，天安门是中华民族的象征，也是东方文化的体现，没有天安门这座古老的建筑文化，就没有了北京的形象和个性。正因为如此，凡是从国外回来的华侨，大多来北京，看北京的天安门，看看北京的坛庙文化建筑。这些坛庙文化建筑，以及故宫博物院的建筑群，形成了首都北京的个性与特色。所以北京的规划与建筑，必须与这种特殊的历史条件和环境相匹配。如果都搞欧式建筑和西方模式，北京的个性和特色也就不复存在。那她就失去巨大的吸引力和辐射力，其人才、科技、信息产业就不会在北京聚集，反而会影响经济的发展。

文化是经济发展的支撑。文化对经济的支撑作用主要表现在：一是文化导向赋予经济发展以价值意义，经济制度的选择、经济战略的提出、经济政策的制定，无不受社会文化背景的影响以及决策者文化水平的制约。文化给物质生产、交换、分配、消费以思想、理论、舆论的引导。在一定程度上规定了经济发展的方向和方式，二是文化赋予经济发展以极高的组织效能。人作为文化的单元，不仅受文化熏陶，也依一定的原理相互感通，相互认识，从而形成社会整体。文化的这种渗透力是社会性的体现，它能够促进社会主体之间相互沟通，保证经济生活与社会生活在组织内有序开展。三是文化赋予经济发展以更强的竞争力，经济活动所包含的先进文化因子越厚重，其产生的文化含量以及由此带来的附加值也就越高，在市场中实现的经济价值也就越大。所以说文化是经济发展的支撑，是经济发展的助推器。

三 社会效应

城市文化及人文精神作为精神产品，体现并规范着人们的思想和行为，同时，城市文化特色也体现于城市形象之中。城市建筑风格、宣传品位、文化底蕴、人们的言行举止、生活节奏、时代气息等都能凸显文化发展特色。但在当前城市文化建设和人文精神提炼中却存在盲目跟风、相互模仿、千城一面等问题，并没有真正利用地域文化特色形成特色发展。例如：在城市建筑特色上，许多城市没有很好地考虑传统文化传承和人文精神在建筑风格上的体现，都有大都市情结的简单效仿和模仿西式建筑风格之嫌。这些风格表面看来好似有时代感、现代派，实则不土不洋、不中不西，不但不能凸显文化底蕴，反而弱化城市文化特色，难以寻求城市"亮点"。

此外，有的城市在文化建设中紧抱历史传统文化特色，缺乏现代元素与文化精神更新，没有很好地标注时代特色。一提到文化特色，可以拿出来列举的全部是历史人物和历史事件，能体现现代精神的人和事却较少，给人以"精神文化与现代相脱节"之感，让人感觉有些城市现在不如过去做得好。如何更好地使文化建设和人文精神贴近现实生活、增强时代感、融合现代元素，寻求新时期人文精神楷模，使城市文化建设与人文精神回归实践层面，切实增强时代感与有效性，这是当前城市文化及人文精神建设事业的当务之急。

城市文化建设与人文精神提炼缺乏持久性，城市精神凝聚力不强，民众认同感淡薄。城市文化建设与人文精神传承缺乏继承性、持久性，时而重视，时而忽略，时而重提，不能充分体现以人为本的精神理念，难以深入人心。城市文化及人文精神是一座城市发展和进步的精神内核。

伴随中国现代化进程和"美丽中国"建设，"美丽城市"建设正在展开。强化城市文化和人文精神建设是城市灵魂和民众凝聚力的突出体现。城市文化建设与人文精神提炼传承中的系列问题，究其原因，主要是受到了文化全球化影响，地方特色文化被强势文化格式化；受到中国城市发展政绩评价机制的影响，把文化建设与人文精神传承搞成了嗅着经济的味道进行的形象工程、面子工程，特色文化理念被忽视甚至被取代；受到城市化进程速度太快的影响，外在形式的"一夜巨变"并不能解决城市内涵发

216

展，同时，部分新生市民的身份认同与归属感欠缺，加之外来因素对原有文化的冲击与消解，共同导致问题的产生。为了更好地推进城市特色文化建设与人文精神传承，需要寻求文化建设与经济建设、政治建设、社会发展的最佳契合。

四　服务效益

我国改革开放以来，人们的生活方式发生巨大的变化，物质生活水平不断提高，恩格尔系数持续下降，居民生活由温饱型转向发展型，公民的文化需求也在逐渐上升。随着我国对公共文化需求的迅速上升，公民对公共文化设施、文化娱乐活动、出版物的阅读、广播影视服务等各个方面提出了更多、更高的要求，对实现自身的文化权利的愿望也更为迫切。公民的文化需求是随着社会经济的发展而发展的。在一个社会中，公民的基本文化需求、公共文化服务水平和优先安排是由该社会的发展水平、文化传统、价值取向、社会经济体制以及发展战略等多方面的因素决定的。据研究表明，当人均 GDP 达到 1000 美元、1600 美元和3000 美元时，人们的文化需求将大幅上升，文化消费支出将大约占个人消费支出的 18%，20% 和 23%。

公民的文化需求大致分为基础性需求和消费性需求。对于政府来说，主要任务是满足公民的基本的、普遍的文化需求，对于消费性文化需求主要通过市场来实现。基础性需求关系到所有公民的基本文化权利，是首先保障和满足公民的基本文化需求，如阅读、自学、参加一些基本的文化活动等。这些基本文化需求关乎公民的基本文化素质，关乎公民的学习能力、生存能力、发展能力，同时关系到一个家庭、一个地区、一个国家的未来和发展。正是因为公共文化服务具有广泛的外部性，所以具有公共性。这类文化需求市场和个人不能解决，只有通过调动政府力量才能满足。政府必须主动承担满足公民基本文化需求的责任，降低文化服务使用的门槛，尽可能扩大服务对象的范围，保证大多数公民能享受到基本服务。

公共文化服务的基本特征决定了对公民文化需求必须进行细分，这是因为，首先，政府所掌握的公共资源一是必须奉行扶弱济困、雪中送炭的原则，二是必须根据社会发展的长远目标满足社会的公共需求，以达到整个公共服务领域均衡协调发展的目标。其次，公民阶层的丰富性及文化需求的差异性是构成公共文化服务体系多样性与丰富性的重要原因。构建公共文化服务体系要保证大多数人都能够公平、方便地享受到由政府提供的各种文化产品、文化服务，这要求公共文化服务体系必须保持自身的广泛性与适应性，才能有效地服务广大人民群众。再次，公民的文化需求是创新公共文化服务体系的动力，公民的文化需求将决定公共文化服务体系的目标、内容、特征与途径，并为公共文化服务指明方向。没有细分的需求区分就不可能建立真正适应实现需求的公共文化服务体系。政府提供的公共文化服务属于满足公民基本文化生活需求的服务。超过基本公共文化服务范围的需求，可以通过文化市场获得。

第六章　城市文化建设的发展模式

20 世纪与 21 世纪之交，世界许多大都市、大中城市都在对各自在新世纪中的发展战略做系统深入的思考，都不约而同地把发展文化产业作为文化战略的核心，同时又将文化战略作为城市整体发展战略的核心。以此看来，文化和文化产业大发展是城市化进程中一个必然趋势。经过数年实践，世界一些以"文化战略"作为发展战略核心的城市衍生出数种模式，它对我国发展文化产业和文化城市有着深刻的借鉴意义。从各城市更新文化战略的内容看，可归纳为以下四种文化城市模式：创新型城市文化发展模式；知识型城市文化发展模式；文艺复兴型城市文化发展模式；消费型城市文化发展模式。每个城市文化的发展模式都有各自的特点和特征，都要有各自的代表城市，下面本书就以典型城市为例介绍四种不同的文化城市模式。

第一节 创新型城市文化发展模式

英国政府早在 2000 年就发布了《创造机会——英格兰地方政府制定地方文化战略指南》，其核心是构建世界文化都市。在英国地方城市文化战略规划中，颇具代表性的城市是伦敦与曼彻斯特。

一 伦敦的文化战略：强调文化多样性的世界都市

2000 年，新上任的大伦敦市长提出了一个空间发展战略——伦敦计划。该计划针对伦敦作为一个文化之城，提出了以下的政策发展方向：增强伦敦作为一个世界之城的吸引力、更新地方社区、增加发展的机会。同时，大伦敦市政管理机构法令要求组建一个文化战略小组，提出有关伦敦的文化产业发展战略。这个法令要求文化产业政策实施范围包括：艺术、旅游和体育运动，古迹，伦敦的历史、考古，博物馆和画廊、图书馆，自然的珍宝和古物，广播、电影和其他媒体。从中我们已经看到其发展文化产业，确立文化城市的重要思路：（1）为了巩固伦敦作为世界之城的角色，应当增进它的文化财富和文化多样性，吸引重要的国际活动，寻求全球性的文化伙伴；（2）增进作为一个多元化和创造性的城市市民在文化认同方面的自豪感；（3）开拓伦敦的公共场所，不管是公园、图书馆、街道还是地铁车站，都应该成为人人参与并对城市文化更新做出贡献的场所；（4）通过保证城市的文化生活使所有伦敦人都能够参与并做出贡献，而不仅仅是文化精英的领地；（5）发展旅游战略，以确认文化多样性的重要，使其成为伦敦吸引旅游者的主要特征；（6）在教育领域推动创造性，确保在伦敦成长的年轻人有机会发展他们的创意技能和活力；（7）将创意工业（文化产业）作为催生地方经济发展和社会整合的手段。

二 曼彻斯特的文化战略：创意之都

英国老牌的工业化城市——曼彻斯特已经公布了她在新世纪中的发展蓝图：让曼彻斯特成为"创意之都"或者"文化之都"。它的文化战略主要有两大目标：（1）确保城市的复兴计划得到认同和支持，使之成为一个震撼性的文化之都；（2）鼓励本地市民踊跃参与文化活动。

该文化战略围绕五大主题展开：（1）文化之都——建设、持续发展文化基础设施，保护文化投入的利益；（2）文化与学习——确立文化在学习、提高教育水平中的角色地位；（3）文化大同——鼓励市民参与文化活动；（4）文化经济——推进可持续发展的文化经济；（5）文化营销——协调开展各种营销活动，提升城市文化形象。更为重要的是曼彻斯特深刻地意识到"21世纪的成功城市将是文化城市""文化是新知识经济中至关重要的创造力"，因此它自觉把文化产业和文化战略放在城市发展的核心地位。

从上述文化战略可以看出，五大主题有三大主题是文化产业内容，涉及文化产业的基础设施、文化市场营销、文化产业对国民经济的贡献。实质上，确立学习型城市、提高教育水平，开展大众文化活动均涉及文化产业的基础和将来的发展目标。可见，曼彻斯特的"创意之都"实质反映了文化产业在城市文化发展战略中的重要作用。

三　文化创意推动城市转型的启示

这两座城市的文化战略开启了文化创意与城市创新结合的时代，具有非凡的意义。一是创造性地将创意产业作为催生地方经济发展和社会整合的手段，支持开展具有可持续性的文化创意活动，以及各种营销城市文化的活动，不遗余力地提升城市文化形象。二是在可持续发展理念下，通过开展创意活动确保城市的年轻人获得就业和发展的机会。三是城市政府在促进文化多样性发展的同时，积极创造城市文化财富，在重要的国际创意活动中，寻求全球性文化合作伙伴，扩大国际合作。四是创造性地提出城市不仅是文化精英的舞台，还是大众参与、享有文化并做出贡献的舞台，注重培养市民的文化自豪感，确立了文化在提升市民素质中的角色和地位。五是改变了原有文化基础设施建设的目的，确保政府文化投入的社会利益和经济利益的协调发展。

文化创意作为驱动力推动城市转型发展，需要结合城市自身的资源优势、区位优势、地域文化特点寻找突破口，凸显城市特色，避免同质化发展，从而构建城市的核心竞争力。从国外城市的实践来看，虽然突破口的选择各不相同，但其共同特点就是以大项目为抓手，集中投入人力、财力和支持措施，通过一个或数个大项目的启动、实施，带动城市转型。

　　文化的内涵实在太丰富，以至于任何人都很难给它确切定义。在学术层面，文化这个词常常是在没有确切定义的情况下，不同的专业领域以不同的理解被使用。在文化经济学领域，戴维·索斯比指出，文化具有两层含义：其一，文化反映某个集体所共有的态度、信念、风俗、习惯、传统、价值观等；其二，文化反映人类生活中知性、道德、艺术方面的活动及这些活动的产物。由此，又引申出文化与三种性质相关，即创造性、象征性和知识财产性。当我们将文化创意作为驱动城市转型发展的动力而加以研究时，从文化本身的特性来看，其作用机制应包括创造、融合、美化、个性化、多样化、社会化六个方面。其中，创造性机制、融合机制是文化创意驱动城市转型发展的最根本和最基础的作用机制，与其他四种作用机制在我们提出的四种转型发展模式中共同发挥作用。

　　在城市转型发展过程中，文化是一种资产、资源。文化"是创意得以产生、成长的沃土"。创意根源于文化，是文化的创造性的体现。文化的丰富内涵，使创意变得无限无边。文化的特性加上创意的表达，能够通过创造性、融合、美化、个性化、多样化、社会化等六种机制，对城市的空间、产业、城市形象、人文气候、社会结构、市民意识和生活方式产生根本性影响，因此成为驱动城市转型发展的一种动力。从国外一些城市依靠文化创意推动城市转型发展的实践中我们能够得到诸多启示。

四　以文化为灵魂、创意为手段寻求突破口

　　文化创意驱动城市转型发展有多种模式，采用哪种模式，需

要以创意的思维和手段去寻找，可以从创意地开发利用城市自身的历史文化资源优势、特色文化入手，也可以从营造文化创意生态入手，就算什么也没有，还可以无中生有，从创意地打造文化创意空间设施入手，先造"硬件"，即造躯壳，再装"软件"，即注入文化这个灵魂，自身"软件"不够，还可以引进，如毕尔巴鄂，但必须是有足够影响力和推动力、吸引力的大项目，并将项目做成产业，形成产业链。

五　转型发展的着力点在于如何激发人的创造性

正如我们的研究所表明的，文化的丰富内涵使其一方面具有创造性，另一方面也具有约束，这种约束性可能使城市产业发展和社会转型产生"锁入效应"或路径依赖。我们在转型发展中需要将着力点放在如何发挥文化的创造性作用机制方面，减轻文化的一些负面作用的影响。这需要发挥文化创意的融合、美化、个性化、多样化、社会化机制，营造适宜的文化创意生态，构建能够吸引、留住、适宜创意人才和激发本地市民创造潜力的人文气候、社会网络，提供创意人才需要和追求的生活方式，吸引创意人才集聚，从而形成创意产业集聚。

六　同等注重扩大文化创意的生产与消费

文化创意产业的集聚发展是实现城市转型发展的一种途径，文化创意产业园区或文化产业区、文化区是文化创意产业集聚发展的空间形态，同时也是文化创意产业化的产品的生产空间或消费空间。从国外的实践来看，欧美一些城市往往更多地关注文化创意的消费，而我国一些城市，如上海，则往往更多地关注文化创意的生产。因此，我国城市在偏重生产的文化创意产业园区建设已经达到一定程度后，有必要将重点转移到扩大文化创意的消费上来，在城市中心地区改建、兴建具有文化创意生产与消费双重功能的文化区是一种选择，促进已有的偏重生产的文化创意产业园区升级，从封闭的园区转型为开放式的文化创意社区、街区，使其成为具有文化创意生产、消费、活动、社交、休闲娱乐甚至居住功能的混合功能区也可以成为一种选择。

七　构建社会网络，促进全民参与文化产品生产与消费

文化的社会化特性，使其与全社会相关。每个人每天都直接间接地、或多或少地在生产或消费着文化，文化贯穿于每个人的生活，使每个人对文化产品都存在一定的潜在需求。这使调动全社会的积极性，促进全民参与文化产品的生产与消费成为可能。关键是我们需要运用创意的思维，创新的制度安排，构建能够激励和促进文化创意产业发展的专业服务体系、专业评论体系和文化创意社交网络等社会网络，在城市转型发展的推进机制中引入全民参与机制，通过打造惠及全民的文化创意空间设施和消费平台、发展文化创意产业、构建创意社区、街区、城区，开展全民参与型文化创意活动，让更多市民有更多机会和条件直接接触、消费文化创意产品。

第二节 知识型城市文化发展模式

以信息化、数字化、网络化为主要特征的知识经济催生了"知识型城市"。西方学者早在 1990 年代初就意识到，驱使城市发展的要素正在发生改变，即从资本、劳动力、资源禀赋等资源型要素逐步转向人才、制度、文化、创新等知识型要素；由于愈来愈依赖知识，城市经济发展的规律正在改变，知识性生产活动将主导城市的发展轨迹。此后，如何以知识驱动城市的发展问题开始受到国际组织、各级政府和科研机构的广泛关注。1998 年世界银行、2000 年欧洲委员会、2001 年联合国和经济合作发展组织等制定的战略规划方案，都不约而同地阐述了知识对于经济社会发展的重要性，强调了知识管理与城市发展的紧密联系。由此，知识型城市建设开始在一些发达国家起步，先后出现了伦敦、曼彻斯特、巴塞罗那、都柏林、墨尔本等探索者或"先驱"，如今更受到全球愈来愈多城市的追随和关注。

西班牙的巴塞罗那也在世纪之交制订了新世纪第一个十年的文化发展战略。文化发展战略在规划报告中的开篇提出一个观点："城市即文化，文化即城市"，并且进一步思考了该城市从 20 世纪 80 年代以来的发展历程，明确了新世纪巴塞罗那将开始第三次"转型"发展：重点在内容产业、知识产业和可持续发展上，充分反映了文化产业在新世纪的转型中将发挥主导性作用。为了实现"文化——知识城市"的发展远景，报告提出了 6 大文化产业发展战略：（1）要强化巴塞罗那作为一个文化内容生产"工厂"的能力；（2）要使文化成为社会凝聚力形成的关键因素；（3）要使巴塞罗那融入数字化文化潮流；（4）要动态保存文化遗产；（5）要充实非凡的大都市的文化空间；（6）要发挥巴塞罗那作为一个国际文化交流与推广平台的作用。另外，巴塞罗那市的战略报告还提出了要实行全新的文化管理模式，其强调3个关键概念：合同、自治和评价；充分认识到在现代社会中文化管理的法治化、社会化和科学化趋势。

建立知识型城市的途径主要是做到如下几点：

第一，建立科学、规范的指标和指标体系，为培育和发展知识城市打下坚实的基础。西班牙巴塞罗那市有关知识城市的各项构成要素及指标值得我们参考，但每一个城市都有其各自的特点，都会根据自身实际设定一定的标杆或目标。各地需要从本地的实际出发，制定与自己的城市发展相适应的各类指标和指标体系。建造中国的知识型城市可以从知识传播、知识培育、知识应用、传播环境等方面着手，并参考 MAKE（最受推崇知识城市）标准的八个资本指示集（身份资本、智力资本、金融资本、关系资本、个人人力资本、集体人力资本、物质工具资本、知识工具资本）作为发展方向进行多方位提升。

第二，加强城市的基础设施建设。数字基础设施，如人均拥有的计算机数量；人口使用因特网的比例；幼儿园 IT 教育的强度和通信从业人员的人数等。研究人员和政策制定者都相信，IT 业的强度是区分发达国家和城市与欠发达国家和城市的分水岭。交通设施，除了机场之外，还包括高速公路、港口和地铁等其他交通枢纽；知识产业设施包括完善的资本市场，主要指对城市中的股票交易、银行、风险资本和其他资本机构进行创新。而知识密集的工业区和科技园区作为城市、地区和国家创新机器，必须引起城市决策者们的高度重视。

第三，学习和创新是建设知识型城市的两个重要前提。建设全民学习、终身学习的学习型社会，是建设人力资源强国的重要举措。提高自主创新能力，建设创新型国家，是国家发展战略的核心。把建设创新型国家和学习型社会的理念，落实到城市发展中，就是建设各个层级的知识型、学习型和创新型的城市。

第四，终身教育学习和终身服务体系是支撑知识型城市的关键。学习型社会要求学习的普遍化，包括学习型公民、学习型组织、学习型城市、学习型政党、学习型政府等内容。学习型社会要求学习行为的实质性和长久性，即个人要终身学习和教育，企业要不断学习和变革，国家要保持竞争的动力和创新的活力。要充分发挥各级各类教育机构在构建终身教育和终身学习服务体系中的重要作用，建立终身学习网络和服务平台。向社会开放各类场所和设施，向广大市民传播优秀的科学文化知识，重视各类图书馆、博物馆、科技馆、美术馆等公益性文化设施建设，逐步向公民开放。最大限度地发挥传播教育和知识传播的功能。

第五，将知识经济与可持续发展相结合。人是知识、经济运作的核心和目的，是知识经济化的中介。这是因为在知识经济化中，人才直接起着中介融合的作用。人既是知识、科技、信息的文化载体和创造者，又直接构成了现代文明最宝贵的资源、最宝贵的财富、最宝贵的经济动力。知识经济化是社会进步的结果，物质文明与精神文明高速增长是知识经济化的前提，同时也是可持续发展的主要目标。知识经济化与可持续发展必将带来知识城市的全面发展和市民的全面发展。所以发展知识城市需要将这二者结合起来协调发展。

总而言之，建设知识型城市是一个循序渐进的过程，需要政府带动全体市民一同建立和完善城市的知识氛围，加强信息传播与沟通方面的基础设施建设，扶持相应的知识型产业发展，才能构筑和谐的知识型社会。

第三节　文艺复兴型城市文化发展模式

文艺复兴是西方文明史上的一个新时代，这为国际学术界相当一批学者所接受，同时也是中国学界的主流观点。在研究的取向上，中国的文艺复兴研究多从传统的视角出发，研究这一时期的政治经济背景、人文主义与人文主义者、杰出艺术家等等，而对文艺复兴的发生地予以关注，从空间上进行研究的却不多见。文艺复兴产生于意大利的城市，在文艺复兴时期，意大利的城市、特别是中北部的城市数量、城市规模和城市人口等方面都有很大的发展，成为欧洲城市化的先声，同时也产生了具有近代意义的城市规划理论。

我们从文艺复兴时期欧洲城市的发展趋势、意大利城市在文艺复兴时期的变化和新的城市规划理论的兴起等几个方面进行了探讨，现在谈谈文艺复兴时期城市空间发展和新的规划理论兴起的文化意义。

首先，文艺复兴时期意大利的城市发展是文艺复兴这一历史事件或文化现象产生的基本前提。文艺复兴作为一种文化现象并不是在空中任意浮动，而是具有其特定的空间概念。在地域空间上，文艺复兴产生于意大利，确切地讲是产生于意大利中部和北部的城市，这是为学术界认同的结论。假如我们将文艺复兴看作一个建筑围合而成的空间中的事件，城市就是围绕这个空间周边的建筑，当我们研究这个空间中的事件时，也必须对围合这一空间的建筑进行研究，如此方能真正理解这个空间本身。从虚实的角度讲，围合空间的建筑是存在的实体，空间本身是一种四维尺度的虚空。正是有了实际存在的建筑实体，虚空才具有了实际的形态及多重的意义。如果没有围合空间的建筑，那么空间本身也就消失了。因此，我们认为，文艺复兴时期意大利的城市空间为文艺复兴这一历史表象提供了一个实际的"事件发生现场"。应该强调的是，这个空间并不仅仅具有物理的属性，同时它也具备社会属性，可以这样说，城市空间与生存其间的个人、家庭、阶层、集团具有紧密的联系，它既是社会生活的中介，也是社会生活的结果，如果没有城市空间，社会关系也不可能真正存在。正如空间句法理论的主要倡导者比尔·希利尔所说的那样，"空间的塑造可以决定不同程度的人流量，以此形成人的不同的聚集模式，从而空间既可以创造城市生活，也可以保留并延续不同的文化"。在文艺复兴时期的意大利，城市空间的发展反映了城市社会在新的语境下的变迁，如城市广场的增加和功能的改变既是城市政治与宗教生活的需要，也是城市工商业发展的需要，同时还是市民休闲交往的需要。另一方面，城市空间的发展也促进了新的城市规划理论的产生，新的规划理论提出了城市新的空间布局，体现了新的社会交往方式，也体现了新的思想和文化，从而为具有近代意义的城市规划理论奠定了基础。

其次，从人类学上讲，城市空间的变化为文艺复兴时期的历史事件提供了一种文化解释的新视角。一方面，文艺复兴时期大量的历史事件在城市的公共空间中运行，这些公共空间的形制和尺度以及它们在城市中的位置，都与当时的政治、经济和文化生活有着各种形式的联系。例如，佛罗伦萨的执政团广场是佛罗伦萨政治和公共生活的中心，在广场一侧是执政团宫，这座大厦正门平台的形制和尺度在修建上就颇为讲究。在这里经常举行佛罗伦萨政府欢迎来宾的仪式，在欢迎一般来宾时，佛罗伦萨的长老走到正门平台边即可，而在欢迎教皇或国王一类的贵宾时，长老就必须走下平台的台阶，一直迎到广场上。对待关系亲疏不同的来宾，执政团长老欢迎的距离也有所不同。这种由于空间尺度的不同而表达出来的不同态度具有多重的象征意义，可以供我们进行多视角的探讨。另一方面，城市的公共空间与空间中的各种建筑本身也具有不同的文化意义，其重要性也各不相同。例如，威尼斯每年都有各种节日庆典，庆典游行队伍在城市中行进一般都是具有传统的路线，各个庆典行进的路线不尽相同，但一些重要节点则是重合的。其中圣马可广场是各种庆典游行线路大都要经过的地方，特别是一些重要的庆典，如总督与海洋女神结婚的庆典更是要在圣马可广场停留，这种节点上的重合反映了圣马可广场在威尼斯城市中头等重要的地位。如前所述，圣马可广场周边汇集了总督府、圣马可大教堂和圣马可钟楼等标志性建筑，这些建筑均具有各自的文化与象征意义，如圣马可教堂不仅是威尼斯的宗教纪念性建筑的象征，也是威尼斯政治权力的象征。教堂最早是作为总督礼拜堂而营造的，以后方获得主教堂地位。虽然圣马可区的行政官员不是神职人员，但他们有权力也有义务管理圣马可教堂。可以这样说，圣马可教堂是城市的中心，威尼斯的全部生活都围绕着它运转，这里是新选的总督郑重宣誓就职的地方，也是总督欢送指挥战舰和部队的将领奔赴战场并为他们祈祷的地方。诚如意大利城市史家 L. 贝内沃罗所言，圣马可广场上的标志性建筑"从各个方面表达了威尼斯城市的精神"。实际上，建筑本身包含了各种文化与象征意义并非欧洲所独有的现象，世界各国的建筑都具有这种属性，在某些文化中，各种隐喻与象征意义表达得更为深刻和充分。如中国古代传统的风水文化就对城市选址和建筑朝向等具有极大的影响，傅熹年先生曾对故宫进行了仔细的测量，通过分析建筑的尺度来发现隐含在建筑后面的文化意义，例如，他认为三大殿基座 9:5 的长宽比例就隐含了皇帝"九五之尊"的寓意。

第三，文艺复兴时期的城市规划理论中对人的活动空间的重视是新的城市规划理论的重要特点。新的城市规划理论提倡者，无论是阿尔贝蒂，还是菲拉雷特和其他建筑师，在他们的新的城市规划理论中都无一例外地强调人在城市中的活动空间。阿尔贝蒂认为建筑是一门社会艺术，关系到人们的健康和福利，在城市规划中除了市民的居住之外，还应该考虑城市的娱乐与休闲功能，为市民留出广场花园等活动空间。菲拉雷特在他的理想城方案中，除了各种广场外，还特别提出，为了减少车辆噪音和方便居民，应该修建环绕广场和其他市场的水道。他们的这些主张，从实践上体现了文艺复兴时期的人文主义的基本精神。这种以人为本的人本思想正是城市规划理论中的近代因素，对现代城市规划理论产生了重要的影响。19世纪末埃比尼泽·霍华德提出的"田园城市"，20世纪30年代勒·柯布希耶提出的"光明城市"，20世纪60年代唐纳德·福利关于英国城镇规划指导思想的解释，都不同程度地反映了以人为本的思想。

最后，笔者还想就本书研究对象——城市和建筑的史料价值谈一点看法。就传统史学研究而言，文献是研究结论的基本依据，这些文献包括历代史书和各类档案文件等文字资料。在这些传统的历史资料以外，历史上保存下来的实物对研究也具有很高的参考价值。目前中国学界对实物的研究主要还是在考古学的学科范畴，历史学（此处指狭义的历史学）研究对实物并不十分关注，以实物为研究对象，或以实物为史料的研究亦不普遍。笔者认为，以文字构成的文本作为历史学研究的基本依据，这是过去与现在史学研究的主流，同时也是将来史学研究的主流，这是毋庸置疑的。然而，我们也不应该忽视实物在史学研究中的史料参考价值，这些实物能够从新的角度为学术研究提供支持。以本书的研究主题文艺复兴时期的城市为例，构成城市物理空间的建筑、广场、街道和城墙与当时的社会具有非常密切的联系，城市里市民的生产、商贸、出行、休闲和娱乐无不与城市的物理空间息息相关，城市的政治活动也是在城市的物理空间中展开的，正如阿尔布瓦什所说的那样，"当一群人生活在某一空间中时，他们就将其转变为形式，与此同时，他们也顺从并使自己适应那些抗拒转变的实在事物。他们把自己限定在自己建成的构架之中，而外部环境形象及其所保持的稳定关系成为一个表现自身的思想王国"，可以这样说，一座城市就是居住在这个城市中的居民的集体记忆。因此，在城市保留下来的建筑中包含了大量的历史信息，提供了当时政治、经济与社会诸多方面的情况，留待我们去仔细解读。与传统的文献相比较，城市物理空间中保留下来的建筑广场等实物所提供的历史信息不如文献直接，却更加中性。例如，一座圣马利亚大教堂，其形制、体量、功能和建造工艺等诸多方面都反映了文艺复兴时期佛罗伦萨城市社会的发展水平，这种信息并没有更多的价值判断，无论时人和后人称这座大教堂精美绝伦还是丑陋不堪都不会改变其现状，大教堂所包含的历史信息将交由阅读者自己去进行解读，从而得出自己的结论。以文献与实物相较，以文字构成的文本或多或少地会包含文本作者个人的看法，而实物则是更加本真地呈现在读者面前，从这个意义上讲，文献可以说是一种"意见"（或曰"观点"），而实物更像是一种"陈述"。因此，当我们以这些历史上保留下来的实物作为研究对象或是研究佐证时，将会从一个新的角度拓展研究视野，完善我们的研究。

新加坡的《文艺复兴城市》报告书，提出将新加坡发展成为"文艺复兴城市"。该报告全面阐述了新加坡在新世纪内文化发展的目标与战略，明确提出要将新加坡建设成为 21 世纪的文艺复兴城市，不仅要成为亚洲的核心城市，也要成为世界文化中心城市之一。该报告被认为标志着新加坡的发展已从经济建设提升到文化建设。该报告明确提出战略定位是"21 世纪的文艺复兴城市"，即国际文化中心城市之一；其近期目标是：在 5—10 年内赶上香港、格拉斯哥、墨尔本；其远期目标是：与伦敦、纽约"平起平坐"；其政府投入预算是：今后 5 年内累计增加投入超过 5000 万新加坡元（约合人民币 2.5 亿—3 亿）。

这份征询了当地文化艺术界人士意见的《文艺复兴城市》报告书为了实现新加坡成为"世界级环球艺术城市"的梦想，提出六大文化产业发展策略：培养欣赏与从事文化艺术的强大群体、培养艺术公司、培育本地文化人才、提供良好的基础设施、进军国际文化舞台、发展文化艺术的"文艺复兴"经济。新加坡新闻及艺术部长李玉全说："我们要把新加坡定位为亚洲主要文化城市以及世界文化产业中心之一。我们希望成为世界顶尖城市之一，人们到这里来生活、工作与游玩。这里的环境将适合发展知识行业与培养人才，而人民也更有创意和具备多方面的能力。他还指出，发展文化艺术的一个重要目的是加强国人的国家意识与归属感，他们可通过本地戏剧、舞蹈、音乐、文学、电影或视觉艺术，分享并欣赏自己的文化与艺术遗产。"

资料表明，该计划标志着新加坡的城市发展战略已经由经济建设提升到文化建设，开启了将复兴文化传统与创新城市文化相结合的时代，具有非凡的意义：一是强调复兴文化传统对加强国民的国家意识与文化归属感的重要性；二是积极实施保护城市和国家文化遗产、发展文化艺术经济、进军国际文化舞台、提供良好的文化基础设施、培养高等级艺术公司、培育本地文化艺术人才等战略，构成实现"亚洲文艺复兴城市"理想的有效途径。

第四节　消费型城市文化发展模式

英国社会学家鲍曼认为，消费主义是理解当代社会的一个非常中心的范畴。消费不只是一种满足物质欲求的简单行为，它同时也是一种出于各种目的需要对象征物进行操纵的行为。在生活层面上，消费是为了达到建构身份、建构自身以及建构与他人的关系等一些目的；在社会层面上，消费是为了支撑体制、团体、机构等的存在与继续运作；在制度层面上，消费则是为了保证种种条件的再生产。而正是这些条件，使得所有上述这些活动得以成为可能。从这个意义上说，被消费的东西并不仅仅是物品，还包括消费者与他人、消费者与自我之间的关系。因此，消费主义主要体现在对象征性物质的生产、分布、欲求、获得与使用上。可以说，消费主义造就了一种不同于传统社会结构的别样的社会形态。列斐伏尔更认为，对于空间的征服和整合，已经成为消费主义赖以维持的主要手段。空间作为一个整体已经成为生产关系再生产的所在地，因为空间带有消费主义的特征，所以空间把消费主义关系（如个人主义、商品化等）的形式投射到全部的日常生活之中。控制生产的群体也控制着空间的生产，并进而控制着社会关系的再生产。

一　提升城市文化消费的意义

文化消费是消费经济学的重要课题，近年开始引起人们的重视。城市在我国社会主义经济与社会发展中占有重要地位，满足城市人民文化消费需要，提高城市文化消费水平对促进提高城市的经济效益，建设社会主义精神文明和物质文明有重要意义。

（一）随着生产力的提高，人们收入的增加，消费结构必然变化，城市文化消费的比重也有不断增长的趋势。在吃、穿、用的需要逐步得到满足以后，文化生活的需要迅速增长，看电影、听音乐、阅读书报，旅游等已成为许多家庭生活消费中不可短缺的组成部分，博物馆、美术馆成为许多家庭假日的理想去处。据报道，2014 年全国居民人均消费支出同比名义（不考虑价格因素）增长 9.6%，其中，人均文化娱乐消费支出增长 16.4%，远高于人均消费支出增速。2011 至 2014 年我国城乡居民人均文化娱乐消费支出平均增长率在 12% 以上。上海、广州等城市的统计数字也表明，几年来文化消费递增速度高于物质消费的增长速度。

（二）近年来城市群众对文化消费产品的质量和层次有更高的要求，文化素养的提高要求增加娱乐的知识性。各大城市接连举办的书市信息表明，群众对书的要求向高层次发展，最畅销的书都同智力开发、智力投资密切相关，如新学科专著，文学名著，工具书等。在审美鉴赏倾向方面，城市群众对高层次艺术兴趣日浓，20 世纪八九十年代初人们热衷于流行歌曲，而现在爱好艺术水平较高的世界名曲，听大型音乐会的人在增多。商品经济的发展和生活水平的提高为城市文化需求提供了更多的物质能力，近几年中国电影市场快速发展，也是群众对电影艺术需求提高的结果。

（三）城市文化生活消费发展的趋势表现。随着物质生活水平的提高，人民在文化生活中的主体作用越来越加强。群众对文艺生活表现出强烈的参与意识，即不满足于看和听等接受娱乐、教育的欣赏性群众文艺活动，而开始逐步把接受娱乐，接受教育与自我娱乐、自我教育结合起来。人们要求自己也进行唱歌、跳舞或摄影等文化活动，以此学习知识，展示才华和创造性，提高自己的思想修养和道德情操。2017年春节到元宵节期间，呼和浩特市举办文化庙会，在大盛魁文化创意产业园、大召广场、大漠文化创意体验基地进行"桃花美·唱响玉泉"、"桃花舞·舞动玉泉"、"桃花韵·传承在玉泉"等10个主题42个小项的活动。42个小项活动包括百姓大舞台、秧歌社火、"文化保护在行动，非遗传承在庙会"活动、缘定庙会相亲会主题活动、欢乐相声会、人面桃花时尚彩妆大赛等。事实上只有当人民在文化生活中表现出极大的主动精神，发挥主体作用时，社会主义文化才真正是人民大众的文化，文化消费需要才能得到满足。

二 提升城市文化消费的途径

提高城市文化消费水平归根到底要提高社会生产力发展水平和个人收入水平。在生产力发展水平和个人收入水平一定的条件下，个人文化生活消费水平的提高表现在个人文化消费支出在个人消费支出结构中比重的提高。这还与个人生活消费物质商品生产产业和劳务服务产业结构的改善有关，与劳动者自由时间的增加有关。提高城市文化消费水平还涉及文化产品质量的提高以及改善文化产品的流通和供应等方面。

（一）增加劳动者的自由时间。在社会化大生产中，劳动者自由时间与社会劳动时间结构对劳动者文化消费水平的提高关系很大。自由时间的多少直接影响到个人文化消费水平的高低。这里讲的自由时间，是具有经济意义的"个人受教育的时间，发展智力的时间，履行社会职能的时间，进行社交活动的时间，自由运用体力和智力的时间"。目前我国城市由于社会劳动时间、上下班耗费在路上的时间和从事家务劳动时间的总和过长，致使城市职工自由时间很少，严重地影响了文化消费水平的提高。目前，我国有的单位已开始试点将每周双休改为两天半，以增加居民休闲和外出消费的时间。有计划地缩短社会劳动时间，相应地增加自由时间不仅必要，也是可以做到的。此外，还要通过增加个人生活劳务消费量，加速家务劳动社会化过程。家务劳动社会化是解放劳动者劳动力的重要条件，也是劳动者个人自由时间增加、文化消费水平提高的重要标志。目前我国劳动者的家务负担过重，尤其是脑力劳动者，如教师、医生及国家机关人员，承担着繁重的照料老人、儿童、买菜做饭洗衣等家务劳动，挤占了科研、学习时间，分散了精力，这是我国办事效率提高、科研教学水平提高的一个障碍。国家应运用税收、价格等经济杠杆促进第三产业发展，加速家务劳动社会化过程，完善劳动者消费物质产品和消费劳务的结构，使劳动者有更多的精力、时间用于文化学习、娱乐活动，保障劳动者体力智力全面地自由地发展。

（二）重视城市文化设施的建设。由于文化消费较多地采取社会公共消费的形式来满足，因此，提高城市文化消费水平就一定要加快城市文化设施的建设。城市的文化设施是城市重要的基础设施，它是精神文明建设的物质载体，是社会主义文化消费活动的中心，它的建设应该是城市建设整体规划的一个组成部分。目前我国的城市文化设施还远远不能满足城市人民文化消费的需要。首先表现在数量少，如以博物馆为例，截至 2015 年底，全国登记注册的博物馆已达到 4692 家，其中，国有博物馆 3582 家，非国有博物馆 1110 家，分别占全国博物馆总数的 76.3% 和 23.7%。博物馆数量为全球第二。近年来全国博物馆每年举办展览超过两万个，参观人数约 7 亿人次，一年举办 20 万次教育活动。

但是我国一些城市的剧场年久失修，不少成为危险建筑而被关闭，更不用说许多剧场没有空调设备，没有调光装置影响演出。此外，现有文化设施的布局也不够合理，一些城市的工业发展区和新建居民住宅区文化娱乐设施很少，现有的文化设施活动内容单调平淡，不适应现代化建设进程中群众的文化消费要求。

加快城市文化设施的建设要注意做到城市文化设施的多层次化，以满足不同的文化消费者的要求。在新建工业区和住宅区应修建适合中青年人群的活动中心，也要有适合老年人需要的活动场所，如茶室、书场、棋室等，城市有条件的还可以办各种不同层次的老年学校。少年儿童特别喜欢知识性和娱乐性相结合的活动项目，有条件的城市可以建立"科普公园"、"科普少年宫"满足他们的需要。在大城市，尤其是沿海开放城市应筹建适合东西方文化交流需要的高层次文化设施。

城市文化设施的建设尽可能向多功能化发展，新建文化设施要设计建造成娱乐、教育、增智和交际等多功能。旧有文化设施也可以从单一功能改建成多功能的，以提高文化设施的效用。乡村文化站文化馆的剧场可以兼放映、演戏、跳舞几种功能，游艺室也可以用于图书阅览和小型球类活动。现代化的美术馆可以兼有展览、学术研究、讲学等多功能，现代化图书馆兼有阅览、学术活动、讲演等多种功能。

（三）努力提高精神产品的质量并改善其流通方式。要提高精神产品质量就需要作家、艺术家等注意倾听群众的呼声，积极深入生活，深刻反映时代，创造出更多的体现社会主义精神文明的优秀作品，更好地为人民群众、为社会主义服务；社会科学研究者、文化工作者要运用马克思主义的立场、观点和方法创造性地研究社会主义现代化建设和全面改革新情况、新经验、新问题，探索建设社会主义的规律，在丰富的社会实践中发展马克思主义科学理论，在提高精神产品质量的前提下发展文化事业——新闻、出版、广播、电视、电影等。

由于现阶段社会主义个人消费品的分配是通过商品流通的形式实现的，城市劳动者文化消费的精神产品也要通过商品流通形式来为人民服务，文化事业也不能不考虑经营，也有商品性。文化产品具有依托物质载体流通的特点，这就一定要计价、算账，考虑经济效益，要改善精神产品流通。以出版图书为例，目前一方面出版发行部门库存积压，叹息"出书难"、"卖书难"；一方面读者买不到理想的书，抱怨"买书难"、"好书印得太少"。因此，出版社首先要了解群众购买需要动向信息，其次是改革现行流通体制。图书作为商品进入流通领域，就要按商品经济规律办事，提倡出版社、书店在坚持社会效益的前提下，开展竞争，在竞争中求发展。还可以定期举办大型图书贸易市场，沟通信息，从选书、付款、托运等各个环节给买书人提供便利，提高售书服务质量；搞好图书的宣传评价等等。最后还要指出：以生产和传播精神产品为主要任务的各项文化事业，当然也都应该积极改善经营，努力提高经济效益，但必须坚持以社会效益为最高标准。

2017 年 2 月《文化部"十三五"时期文化发展改革规划》发布，"十三五"文化改革发展主要任务有六个方面：

一是以社会主义核心价值观为引领，创作生产更好更多的优秀文艺作品。力争在"十三五"时期，创作生产更多传播当代中国价值观念、体现中华文化精神、反映中国人审美追求，思想性、艺术性、观赏性相统一的优秀作品。

二是以基本公共文化服务标准化均等化为抓手，加快构建现代公共文化服务体系。力争到"十三五"末，基本建立覆盖城乡、便捷高效、保基本、促公平的现代公共文化服务体系。

三是以文化产业转型升级为突破口，推动文化产业成为国民经济支柱性产业。力争到"十三五"末，形成一批文化产业发展新的增长点和增长极，全面提升文化产业发展的质量和效益。

四是以培育市场主体、激发市场活力、加强市场监管为重点，建立健全现代文化市场体系。力争到"十三五"末，基本建成统一开放、竞争有序、诚信守法、监管有力的现代文化市场体系，初步确立权责明确、公平公正、透明高效、法治保障的文化市场监管格局。

五是以有效保护为前提，全面加强文化遗产工作，着力推动中华优秀传统文化创造性转化和创新性发展。力争到"十三五"

末，形成中华优秀传统文化传承体系，让中华优秀传统文化拥有更多的传承载体、传播渠道和传习人群。

六是以提高文化开放水平为着力点，推动中华文化走向世界。力争到"十三五"末，形成更加完备的多渠道、多层次、宽领域的对外和对港澳台文化交流格局。

参考文献

［1］徐翔：《城市文化发展阶段演进的理论向度》，《中国名城》
2014 年第 8 期。

［2］易晓峰：《从地产导向到文化导向——1980 年代以来的英国
城市更新方法》，《城市规划》2009 年第 6 期。

［3］刘合林：《城市文化空间解读与利用——构建文化城市的新
路径》，东南大学，2010 年。

［4］London Development agency. Creating better futures ［EB/OL］.
http：//www. lda. gov. uk/Documents/Creating better futures
（Word）1993. doc.

［5］乐正：《深圳与香港文化创意产业发展报告》，社会科学文
献出版社 2010 年版。

［6］Munk Centre for International Studies. New York City Case Study
M. University of Toronto，2006

［7］［美］刘易斯·芒福德：《城市文化》，宋俊岭等译，中国建

筑工业出版社 2008 年版。

［8］ Raaf, D. Lde Protecting Brands：How to Respond on Adverse
Brand Publicity. Dissertation. Rotterdam Schoolof Management，
Erasmus University. Rotterdam.

［9］ 钱明辉、苟彦忠、李光明：《城市品牌化影响因素研究述
评》，《云南财经大学学报》（社会科学版）2010 年第 1 期。

［10］ 胡晓云、郑玲玲、章品等：《城市品牌化建设主体的组织形
态研究》，《广告大观》（理论版）2008 年第 5 期。

［11］ 约翰·罗斯金：《建筑的七盏明灯》，张粼译，山东画报出
版社 2006 年版。

［12］ 史晨暄：《世界遗产"突出的普遍价值"评价标准的演
变》，《风景园林》2012 年第 1 期。

［13］ John Dixon Hunt. Greater Perfection：The Practice of Garden
Theory. London：Thames&Hudson. 2000：273.

［14］ 陆邵明：《场所叙事及其对于城市文化特色与认同性建构探
索——以上海滨水历史地段更新为例》，《人文地理》2013
年第 3 期。

［15］ 王维国、于笑妍、高景良、王克若、李广学、刘本台、何
宪民：《"三年大变样"与河北省城市文化设施建设》，《河
北师范大学学报》（哲学社会科学版）2010 年第 4 期。

［16］ 覃祚建：《如何发展当代大众文化》，《湘潮》（下半月）
（理论）2007 年第 7 期。

［17］《毛泽东选集》（第 2 卷），人民出版社 1991 年版。